Wolfgang Müller

China: neuer Hauptfeind des Westens?

W0297044

Wolfgang Müller hat 15 Jahre in der IG Metall Bayern gearbeitet und den Siemens-Konzern und dann die Auto- und Zulieferindustrie betreut. Zuvor war er Software-Entwickler bei US-Computerkonzernen. Er hat mehrere Jahre in Peking gelebt. Im VSA: Verlag erschien 2021 sein Buch »Die Rätsel Chinas – Wiederaufstieg einer Weltmacht. Digitale Diktatur, Staatskapitalismus oder sozialistische Marktwirtschaft?«, er schreibt außerdem regelmäßig in »Sozialismus.de« über aktuelle Entwicklungen in der Volksrepublik.

Wolfgang Müller

China: neuer Hauptfeind des Westens?

Nach 100 Jahren Erniedrigung
will das Land der Welt auf
Augenhöhe begegnen

VSA: Verlag Hamburg

www.vsa-verlag.de

© VSA: Verlag 2023, St. Georgs Kirchhof 6, 20099 Hamburg
Alle Rechte vorbehalten
Druck- und Buchbindearbeiten:
Beltz Grafische Betriebe, Bad Langesalza GmbH
ISBN 978-3-96488-174-8

Inhalt

Einleitung

In den folgenden Kapiteln diskutiere ich, warum die Volksrepublik China heute zum neuen Hauptfeind der USA, aber auch des Westens geworden ist. Der Konflikt zwischen der aufstrebenden Wirtschafts- und Weltmacht und dem bisherigen Hegemon wird die nächsten Jahre und sogar Jahrzehnte prägen. Zudem steuert dieser Konflikt womöglich auf eine militärische Auseinandersetzung zu, weil die Vereinigten Staaten von Amerika ihre einzigartige wirtschaftliche und politische Vormachtstellung um keinen Preis aufgeben wollen.

Die USA sind nicht bereit, sich mit einer neuen multipolaren Weltordnung zu arrangieren. Sie betrachten die globalen Entwicklungen letztlich als Nullsummenspiel: Was das eine Land gewinnt, verliert das andere. Die US-Vormachtstellung in den vergangenen 70 Jahren, seit dem Ende des Zweiten Weltkriegs, sorgte für unermessliche Privilegien und Reichtümer: für die amerikanischen Großkonzerne, für die Finanzindustrie und die Wall Street, für den militärisch-industriellen Komplex in den USA. Die Reichtümer der Welt sind zum großen Teil in den USA gelandet. Aber die meisten Menschen in den USA konnten sich von der US-Hegemonie auch im Wortsinn nur wenig kaufen.

Welche Bösartigkeiten hat China eigentlich verbrochen, um jetzt zum neuen Hauptfeind der USA und – neben Russland – wohl auch der deutschen Politik zu werden? Aus Sicht der USA und des Westens besteht der Kardinalfehler der Volksrepublik darin, dass sie wirtschaftlich, sozialpolitisch und auch außenpolitisch erfolgreich ist. Sie stellt damit praktisch die Vorherrschaft des US-geführten Westens infrage. Sachlich ist das natürlich eine sehr dünne Basis, um einen Wirtschaftskrieg oder gar eine militärische Auseinandersetzung zu begründen. Deswegen laufen die westlichen Propagandaapparate auf Hochtouren, um Abhängigkeiten von China und Gefahren für die nationale Sicherheit zu imaginieren.

Gerne wird im offiziellen Diskurs und auch in den Medien der Konflikt zwischen den USA und ihren Verbündeten mit China als »Kampf der Systeme«, als Auseinandersetzung zwischen »Demokratie und Autoritarismus« dargestellt. Das ist zwar ein populäres Missverständnis, aber sachlich falsch: Denn auch bei einem Land mit einer parlamentarischen Demokratie, das ihre globale Hegemonie infrage stellt, würden die USA zu allen Mitteln greifen und den Aufsteiger in die Schranken weisen.

Hierzulande ist vergessen worden, dass Ende der 1980er-Jahre Japan eine aufsteigende Großmacht war und als der große wirtschaftliche Herausforderer der USA galt. Diese steckten nach dem Ende des Vietnamkrieges in einer tiefen wirtschaftlichen und gesellschaftlichen Krise. Die fortschreitende De-Industrialisierung zerstörte die Existenzgrundlagen von Millionen Menschen, die Innenstädte zerfielen, die USA waren tief gespalten. Japanische Konzerne kauften damals große Teile von Manhattan auf, die japanischen Multis hatten höchste Börsenbewertungen. Dann zündeten die USA alle Raketen im Wirtschafts- und Währungskrieg, um Japans weiteren Aufstieg zu stoppen. Seitdem sind die wirtschaftlichen und politischen Machtverhältnisse zwischen den USA und Japan wieder geklärt. In gewisser Weise haben die USA dieses Spiel auch mit der EU und mit der bisherigen deutschen Dominanz in Europa getrieben. Der Euro ist keine Gefahr mehr für den US-Dollar. Die EU ist politisch und auch wirtschaftlich gespalten. Im Konflikt mit China geht es also nicht um den gerne beschworenen manichäischen Konflikt zwischen »Demokratie und Autoritarismus«, sondern schlicht um die US-Suprematie.

Mit China können die USA aber nicht umspringen wie mit Japan oder Europa, denn in diesem Fall bestimmen die USA nicht die Regeln. Die politische Führung der Volksrepublik hat sich allen Versuchen widersetzt, das Land in die »regelbasierte internationale Ordnung« – sprich: die wirtschaftliche Dominanz von Wall Street, Internationalem Währungsfonds (IWF) und Weltbank sowie des »Washington Consensus« und die politische und militärische Dominanz des Westens – einzubeziehen. China ist seinen eigenen Weg gegangen, anstatt auf den Neoliberalismus zu setzen. Es hat staatliche Steuerung und Marktwirtschaft ziemlich erfolgreich kombiniert und ist demnächst oder heute schon die größte oder zweitgrößte Volkswirtschaft der Welt. Hunderte Millionen Menschen wurden aus nackter Armut befreit. China will die internationalen Institutionen reformieren und neue multilaterale Regeln vorschlagen, die für alle bindend sind.

Bekanntlich haben die US-Eliten ein besonders ausgeprägtes Ego: Die USA sind das von Gott erwählte Land, das die Aufgabe hat, der ganzen Welt die Gnade der Demokratie zu bringen. Mit diesem Ego ist es nicht vereinbar, dass ein anderes Land – noch dazu China, das kein parlamentarisch-demokratisches Regierungssystem hat – die wirtschaftliche und vielleicht später auch die politische Dominanz in der Welt erreicht. Für dieses amerikanische Ego ist es auch nicht vorstellbar, das andere große Länder gar nicht die Welt missionieren wollen. Deshalb kommt eine taiwanesische Wissenschaftlerin und Politikerin in ihrer Analyse des Taiwan-Konflikts zu dem Schluss, das Ego der US-Eliten sei das größte Hindernis für eine friedliche Einigung zwischen der Volksrepublik und Taiwan.

Für viele Demonstranten auf dem Tien'anmen-Platz in Beijing im Sommer 1989 waren die USA das große Vorbild und ganz besonders für gut ausgebildete junge Menschen. Die meisten jüngeren Chines*innen und auch viele Freunde von mir wollten damals in den USA studieren und arbeiten. Noch heute ist der Westen für junge Chines*innen attraktiv für eine Hochschulausbildung. Und noch vor wenigen Jahren genoss gerade Deutschland wegen seiner Industrie, der Innovationen und des Kultursektors ein sehr hohes Ansehen in China. Aber der Westen und insbesondere die USA haben inzwischen ihre »systemische« Attraktivität verloren.

Kapitel 1
Wie China zum neuen Hauptfeind des Westens wurde

Eine andere Agenda als der Westen

In seinem im Frühjahr 2022 erschienenen Buch »Getting China Wrong« resümiert der amerikanische Politologe Aaron L. Friedberg: »Die westliche Strategie des Engagements mit China ist gescheitert. Mehr als drei Jahrzehnte Handel und Investment mit den reichen Demokratien haben China viel wohlhabender und stärker gemacht, als es ansonsten der Fall gewesen wäre. Aber trotz Wirtschaftswachstum und Entwicklung haben Chinas Herrscher ihren Griff auf die politische Macht nicht gelockert, ihre merkantilistische Wirtschaftspolitik nicht aufgegeben und die Regeln und Normen des existierenden internationalen Systems nicht akzeptiert. Im Gegenteil: Heute ist China in der Innenpolitik repressiver, in der Außenpolitik aggressiver und offensichtlich immer mehr bestrebt, sich als dominierende Weltmacht zu etablieren. Was ist schiefgelaufen?

Kurz gesagt: Die Demokratien haben die Resilienz, den Einfallsreichtum und die Rücksichtslosigkeit der chinesischen KP unterschätzt. Viel zu lange haben die USA und ihre Alliierten die Entschlossenheit der Partei, die Opposition zu zerschlagen, eine nationale Macht aufzubauen und ihre ideologischen und geopolitischen Ambitionen umzusetzen, nicht ernst genug genommen.«[1]

Das Buch von Friedberg steht für viele andere Analysen im Westen und besonders in den USA, die die Enttäuschung der politischen und akademischen Eliten formulieren, dass China zwar die kapitalistischen Reformkonzepte sehr erfolgreich kopiert hat, aber sein gesellschaftliches und politisches System beibehalten und das Land damit vor dem Einfluss des westlichen Imperialismus abgeschottet hat. Den Bestseller-Autoren Mareike Ohlberg und Clive Hamilton[2] zufolge strebt China strategisch nach der Weltherrschaft, ohne sich zu demokratisieren und westliche Werte anzuerkennen.

Für den Westen folgten Chinas Wirtschaftsreformen in der Zeit nach Mao ökonomisch einem Rezept, das sich erkennbar an den ostasiatischen Tigerstaaten wie Malaysia, Singapur, Südkorea und Taiwan orientierte. Zudem wurden die meisten Fabriken in den neu entstehenden Freihandelszonen

---

[1] Aaron L. Friedberg: Getting China Wrong, New York 2022; zitiert ist ein Auszug aus dem Ankündigungstext zum Erscheinen des Buches (eigene Übersetzung).

[2] Clive Hamilton/Mareike Ohlberg: Die lautlose Eroberung: Wie China westliche Demokratien unterwandert und die Welt neu ordnet, Berlin 2022.

in Südchina zunächst auch von Chines*innen aus Hongkong, Taiwan und Thailand aufgebaut. Die nutzten nach dem bewährten ostasiatischen Modell der Exportproduktion mit billigen Arbeitskräften jetzt die Vorteile der neuen Niedrigkosten-Produktionsbasis in der Volksrepublik. Über mehrere Jahrzehnte verzeichnete China jährlich ein zweistelliges Wirtschaftswachstum – ähnlich wie Japan nach dem Zweiten Weltkrieg oder wie Südkorea, das heute ein wohlhabendes Land ist, aber in den 1950er-Jahren ärmer war als heute manche Länder Afrikas südlich der Sahara.

Während also die ökonomischen Grundlagen des chinesischen Modells von außen übernommen und kopiert sind – so die Analyse in einem Kommentar der Financial Times (22.6.2021) –, sei die politische Entwicklung einzigartig. Anders als in Taiwan und Südkorea, wo mit zunehmendem Wohlstand die Ein-Parteien-Systeme von liberalen Demokratien abgelöst wurden, ist in China die Dominanz der KP ungebrochen. Wenn chinesische Kommentatoren von den unbestreitbaren Erfolgen ihres Entwicklungsmodells sprechen, dann weisen sie darauf hin, dass ein autoritäres System der eigenen Machart für die gesellschaftliche Entwicklung oft besser ist als die vielfach dysfunktionalen Systeme westlicher Demokratien, die von den Macht- und Geldeliten kontrolliert werden. Aber China will sein System nicht exportieren, sondern in erster Linie Geschäfte machen. Die Außenpolitik basiert auf der konsequenten Nichteinmischung in die inneren Angelegenheiten anderer Länder. Gelegentlicher Revolutionsexport wie zu Maos Zeiten ist längst passé. Militärische Interventionen und »Regime Change« nach dem Muster der US-Außenpolitik gehören nicht zum Werkzeugkasten der von der Regierung verfolgten internationalen Politik.

Aber gleichzeitig stellt China durch seine Größe und seine wirtschaftliche Macht die weltpolitische Umgebung infrage, die den Hintergrund für den Aufstieg Ostasiens bildete. Denn die sogenannten Tigerstaaten waren allesamt Verbündete der USA. Im Kontext des Kalten Krieges mit der Sowjetunion sahen die USA den Vorteil, ihren riesigen Markt für die Exporte der ostasiatischen Verbündeten zu öffnen. Dabei tolerierten die USA deren protektionistische Praktiken, auch wenn der wirtschaftliche Aufstieg ihrer dortigen Verbündeten in den USA manchmal Panik verursachte. Etwa in den 1990er-Jahren, als die japanischen Autokonzerne den US-Markt aufrollten und japanische Kapitalgruppen wertvolle Immobilien in New York aufkauften. Aber Japan war eine verbündete Macht und hat ebenfalls ein demokratisches Herrschaftssystem. In den ersten Jahrzehnten von Chinas Aufstieg war es deshalb Konsens in den USA, dass sich auch dieses Land wie die anderen in Ostasien mit zunehmendem Wohlstand politisch liberalisieren werde. Die USA begleiteten Chinas Aufstieg zunächst wohlwollend.

Neue Kriegserzählung: Demokratie versus Autoritarismus

Diese Haltung hat sich geändert. Heute sind die USA auf dem Kriegspfad gegen China. Das Narrativ für den kommenden Krieg lautet: Es gehe um die Verteidigung der Demokratie gegen den Autoritarismus. 2020 sprach der damalige US-Außenminister Mike Pompeo von der »korrupten, totalitären Ideologie« der KP Chinas; man solle das chinesische Volk zu einem Umsturz befähigen. US-Präsident Joe Biden erklärt immer wieder, dass die USA und China sich in einem ideologischen und politischen Kampf um das Modell für das 21. Jahrhundert befinden – Demokratie versus Autoritarismus.

Über 70 Jahre lang, seit dem Zweiten Weltkrieg, waren die USA die weltweit dominierende und wirtschaftlich und technologisch führende Supermacht, aber bis 1989 noch verwickelt in den Kalten Krieg, in die Systemauseinandersetzung mit dem von der Sowjetunion geführten Block. Dessen Zusammenbruch und Zerfall interpretierten die US-Eliten deshalb als das »Ende der Geschichte«, als Beweis der historischen Überlegenheit des Westens mit seinem politischen und wirtschaftlichen System und mit seinen Werten. Es war der Triumph der unipolaren Weltordnung unter amerikanischer Führung.

Mit Chinas Aufstieg sehen sich die USA erstmals seit vielen Jahrzehnten fundamental herausgefordert und in ihrem Exzeptionalismus als unumstrittene wirtschaftliche, technologische und kulturelle Führungsmacht bedroht. Deshalb hatte schon US-Präsident Barack Obama in seiner Amtszeit (2008–2016) den neuen Fokus der US-Weltpolitik auf Asien nach dem Ende des Kalten Krieges verkündet. Diese US-Neuorientierung blieb aber Stückwerk. Erst danach begann Donald Trump unter der Parole »Make America great again!« begleitet von viel Getöse einen offenen Feldzug gegen China. Er verhängte Zölle von bis zu 20% auf viele Importgüter, was an Chinas riesigen Handelsüberschüssen mit den USA wenig änderte. Er setzte zudem Wirtschaftssanktionen gegen chinesische Technologiekonzerne durch, die von Hardware und Software aus den USA und den Märkten im Westen abgeschnitten werden sollten. Insbesondere Huawei als weltweit führender Ausrüster für 5G-Mobilfunknetze stand im Fokus. US-Alliierte wie Australien, Großbritannien und Kanada schlossen sich dem Boykott von Huawei-5G-Ausrüstung an – mit nie belegten Behauptungen über angebliche Hintertüren in der verwendeten Technologie für chinesische Spionage. Zudem lancierte die Trump-Administration den Versuch, die weltweit erfolgreiche chinesische Internet-Plattform TikTok unter US-Kontrolle zu bekommen. Schließlich begannen die USA mit dem Ausschluss chinesischer Konzerne von den US-Kapitalmärkten und den US-Börsen.

Anders als manche in China gehofft hatten, nahm US-Präsident Biden keine der von der Trump-Administration verhängten Maßnahmen zurück.

Im Gegenteil: Mit neuen Gesetzen hat die Biden-Administration nachgelegt. Nach aktuellen Analysen (Economist, 28.7.2022) sind die Zölle und Sanktionen gegen China noch schärfer gestellt worden. Vorschläge von Demokraten, Biden solle mit Rücksicht auf innenpolitische Entwicklungen einige inflationstreibende Zölle auf Produkte aus China kassieren, führten zu nichts. Denn längst hat sich in den USA eine Allparteienkoalition gegen China etabliert, Nachgeben wird als Schwäche interpretiert. Das zeigte im August 2022 auch der Taiwan-Besuch von Nancy Pelosi, die damals als Sprecherin des US-Abgeordnetenhauses das dritthöchste Staatsamt in den USA bekleidete.

Die Rivalität der USA gegen China wird die US-Politik und damit die Weltpolitik für die nächsten Jahre und vermutlich Jahrzehnte bestimmen. Dass die asiatische Großmacht nicht an die Stelle der USA rücken und zur dominierenden Weltmacht werden darf, ist das Credo der US-Politik. Deswegen werden die USA als atlantische und zugleich pazifische Macht versuchen, den weiteren Aufstieg Chinas mit allen Mitteln zu blockieren.

Das zentrale Argument der US-Regierung und der US-Eliten von der Ostküste bis zur Westküste ist natürlich nicht der mögliche Verlust der US-Hegemonie und der gewaltigen wirtschaftlichen Vorteile der US-Vormachtstellung, sondern die angebliche Bedrohung, die von China für die nationale Sicherheit der USA ausgeht. Das aber ist schlicht Unfug. Chas Freeman, früherer US-Diplomat und u. a. Botschafter in Saudi-Arabien, bezeichnete in einem Interview[3] die China-Phobie der US-Eliten als ein in erster Linie psychologisches Problem. Denn seit Ende des vorletzten Jahrhunderts galten die USA als das reichste, technisch führende und kulturell einflussreichste Land auf dem Planeten. »Jetzt überholt uns China, und deshalb gibt es ein psychologisches Problem.« Die China-Politik der USA könne besser psychologisch als durch Staatskunst erklärt werden. »China bedroht Amerikas wirtschaftliche Vormachtstellung und hat uns schon auf vielen Gebieten überholt [...] China ist technologisch hoch innovativ. Ein Viertel aller Naturwissenschaftler, Ingenieure und Mathematiker auf der Welt sind Chinesen, und der Anteil wächst. In einigen Jahren wird China mehr MINT-Fachkräfte[4] haben als alle OECD-Länder (USA, Westeuropa, Japan) zusammen [...] Das ist definitiv eine Herausforderung. Es ist eine andere Frage, ob das auch eine Bedrohung ist. Wir haben uns entschieden, China als Bedrohung für die nationale Sicherheit, als militärische Bedrohung zu identifizieren. Das ist jedenfalls

---

[3] Der Diplomat Chas Freeman war Hauptübersetzer bei Richard Nixons erstem Chinabesuch 1972, der zur Aufnahme diplomatischer Beziehungen zwischen China und den USA führte. Das Interview mit ihm ist veröffentlicht unter: thegrayzone.com/2020/12/25/veteran-diplomat-us-confronts-china-to-protect-supremacy-not-security/.

[4] Die Abkürzung MINT steht im Deutschen für Mathematiker, Ingenieure, Naturwissenschaftler, Techniker.

sehr gut für unseren militärisch-industriellen Komplex [...] Aber wir haben keinerlei Strategie, wie wir den Wettbewerb mit China eingrenzen können [...] Wir haben einen Handelskrieg gestartet, der sehr schnell auf alle anderen Beziehungen mit China metastasiert ist. Und jetzt stehen wir vor einem Krieg um Taiwan. Bislang haben wir noch niemals einen Krieg gegen eine Nuklearmacht um ihre territoriale Integrität und Souveränität geführt.«

Zur großen Koalition gegen die Volksrepublik gehören die Vertreter des Dogmas freier Märkte, konservative und neoliberale Thinktanks wie die Heritage Foundation und das American Enterprise Institute. Diese Verfechter des freien Handels haben plötzlich kein Problem mehr damit, wenn die US-Regierung protektionistisch in die weltweiten Handelsflüsse eingreift und globale Lieferketten unterbricht. Der Präsident der Heritage Foundation erklärte, man werde beim Verfassen von Bundes- und Bundesstaatsgesetzen helfen, damit in China engagierte US-Unternehmen keine staatliche Unterstützung mehr bekommen.

Geplant ist zudem ein Vorgehen gegen die Wall-Street-Finanzkonzerne wie BlackRock, Goldman Sachs oder JP Morgan, die seit der Öffnung der chinesischen Finanzmärkte 2020 einen neuen Goldrausch wittern und ausländische Finanzinvestitionen in China auf ein Allzeithoch getrieben haben. Bis Ende 2022 gab es innerhalb der US-Administration keine Einigung, ob und wie man der Wall Street Daumenschrauben bei weiteren Investitionen in China anlegen sollte, das Handels- und das Finanzministerium waren dagegen. (Politico, 3.7.2022)

Die totale Abkopplung von China ist der logische Endpunkt dieser Initiativen. In dem »11-Punkte-Plan zur Rettung Amerikas« des republikanischen Senators Rick Scott heißt es im letzten Punkt: »Wir werden schrittweise alle Importe aus dem kommunistischen China stoppen, bis eine neue Regierung die grundlegenden Menschenrechte und Freiheiten akzeptiert.« Der republikanische Senator Marco Rubio suchte Ende 2022 Verbündete für seinen Entwurf eines »American Financial Markets Integrity and Security Act« angesichts des »strategischen Desasters«, dass US-Kapital in nie da gewesenen Höhen nach China strömte. (Financial Times 22.3.2022)

Die Blockade des weiteren Aufstiegs Chinas ist keine realistische Option. Das Land ist erfolgreich, hat einen dynamischen Technologiesektor mit hoher Innovationskraft, eine riesige Bevölkerung und ein funktionierendes politisches und administratives System. International ist die chinesische Ökonomie hoch integriert. Das macht China einerseits verletzlich, aber gleichzeitig hoch attraktiv für alle anderen Volkswirtschaften auf dem Globus, eine weitgehende Abkopplung ist auch mittelfristig nicht realisierbar.

Zudem ist der Westen selbst verantwortlich für seinen relativen Abstieg gegenüber China. Nach dem Zerfall der Sowjetunion und dem Fall der Mauer

1989ff. machten Europas liberale Internationalisten gemeinsame Sache mit den Neokonservativen der USA. Mit dem Aufruf zum Kampf zwischen Autoritarismus und Demokratie machen die Eliten im Westen den nächsten Fehler: China als Herausforderer der bestehenden Ordnung zu definieren, ist eine Selbsttäuschung. Denn der Westen hat seine zunehmend schwächere Position selbst verschuldet: sinnlose Kriege in vielen Erdteilen, die Finanzkrise 2008 im Westen und damit das Scheitern der westlichen Laissez-Faire-Ökonomien als geopolitischer Schock, die Aushöhlung der westlichen Demokratien etc. Die Bedrohungen für die westlichen Gesellschaften und Werte kommen nicht von China, sondern von den eigenen Eliten, die sich nicht an demokratische Normen halten und sich den gesellschaftlichen Mehrwert aneignen.

Kriegsschauplätze: Chips, Finanzsektor, Menschenrechte

Trump begann 2018 den Wirtschaftskrieg gegen China mit der Verhängung von Zöllen von 7,5% bis 25% auf bestimmte Warenimporte. Chinesische IT-Produkte sind seitdem mit den höchsten Zöllen belegt. Nach vier Jahren Zollkrieg kann Washington Erfolge vermelden: Chinas Anteil an den gesamten Importen in die USA fiel von 2018 bis 2022 von 21% auf 17%. Fast die Hälfte aller US-Importe aus Asien kam noch vor wenigen Jahren aus China, jetzt liegt dessen Anteil nur noch bei etwas mehr als einem Drittel. Der Rückgang betraf vor allem die mit den höchsten Zöllen belegten Produkte: Der Anteil an den IT-Importen fiel von 16% auf 10% (Economist, 12.11.2022).

Die Realität ist allerdings differenzierter, als die Strategen des US-Handelskriegs verkünden, denn gleichzeitig wuchs Chinas Anteil bei den nicht von US-Zöllen erfassten Importgütern in die USA von 36% auf 39%. Ausweislich der chinesischen Exportstatistik entspricht der 2%-Rückgang des Anteils der USA an den Exporten aus China exakt dem Anstieg der chinesischen Exporte in die Volkswirtschaften Südostasiens wie Indonesien, Malaysia, Philippinen und Vietnam. Diese Länder agieren zunehmend als Zwischenhändler zwischen China und den reichen Ländern. Damit verlagern sich Lieferketten und werden zunehmend komplexer. Die von westlichen Politikern und von der EU gerne beschworene Entwicklung neuer Lieferketten um Lateinamerika und Afrika allerdings bleibt ein ferner Traum.

Die Ergebnisse des US-Zollkriegs gegen Chinas Exporte sind also gemischt, denn sie haben durch höhere Preise direkt die Konsument*innen in Amerika getroffen. Deswegen hat die US-Regierung den Handelskrieg mit Zöllen nicht noch weiter verschärft, sondern nach dem Modell des Feldzuges gegen Huawei auf den Krieg um die Dominanz bei den Zukunftstechnologien verlagert und ausgeweitet. In einem Wirtschaftskrieg geht es darum, die Wirtschaft des Gegners genau da zu treffen, wo sie besonders empfindlich und verwundbar ist. Das ist im Falle von China neben dem Finanzsektor vor allem die Abhängigkeit von Halbleiterimporten. Denn das Land baut zwar die eigene Chipindustrie aus, die Produktion reicht aber noch nicht für den eigenen Bedarf. Etwa die Hälfte der globalen Halbleiterproduktion wird in China verarbeitet. Das extrem von Energieimporten abhängige Land zahlt mehr für Chipimporte als für Öl und Gas.

Im Oktober 2022, etwa zeitgleich mit der Veröffentlichung der neuen National Security Strategy durch die US-Regierung, verhängte eine Abteilung des US-Handelsministeriums die bislang weitreichendsten Sanktionen gegen Chinas Technologiesektor. Künftig dürfen modernste Halbleiter mit einer Strukturbreite von 18 Nanometern und weniger nur noch mit offizieller Genehmigung durch US-Behörden nach China exportiert werden. Damit setzt Präsident Biden den Wirtschaftskrieg gegen China fort und verschärft ihn. Man geht jetzt taktisch geschickter vor, indem Bündnisse gesucht werden. Bidens Team gilt als disziplinierter und systematischer als Trumps Falken, die Konflikte mit China vom Zaun brachen, aber zu wenig Wirkung erzielten.

Entsprechend der amerikanischen Rechtsauffassung von der universellen Geltung des US-Rechts sind von der neuen Verordnung Chip-Hersteller aus der ganzen Welt betroffen, sofern in deren Entwicklung bzw. Fabrikation auch Komponenten oder Software aus den USA eingesetzt werden, was angesichts der globalen Vernetzung der Lieferketten der Halbleiterindustrie sehr wahrscheinlich ist. Also ist auch Europas Halbleiterindustrie betroffen. Zudem zielt die neue US-Verordnung auf die hoch spezialisierten Maschinenbauer für die Chipindustrie.

Das zentrale Problem der USA ist die überwältigende Dominanz von Ostasien und Chinas bei der Chipfertigung. 2021 entfielen über 70% der globalen Halbleiterproduktion auf Ostasien, davon wiederum die Hälfte auf China. Auch hinter dem von Biden schon im Sommer 2022 unterzeichneten »Chip and Science Act« steht die Angst vor China. Mit diesem Gesetz will die Regierung die USA wieder zu einem Zentrum der Chip-Herstellung machen – wie vor über 50 Jahren, als im Silicon Valley in Kalifornien die ersten Halbleiterwerke entstanden. Mit insgesamt etwa 280 Mrd. US-Dollar werden Unternehmen subventioniert, wenn sie in den USA Werke für Chips mit Leiterbahnen von unter 28 Nanometern bauen.

Dieses Gesetz soll nicht nur die jahrzehntelangen Verlagerungsprozesse der Chipproduktion nach Ostasien umkehren. Es ist direkt gegen China gerichtet: Unternehmen, die US-Subventionen erhalten, dürfen zehn Jahre lang keine »bedeutenden Transaktionen« mehr mit China oder anderen Ländern, die »für die USA von Belang sind«, tätigen und dort nicht in fortschrittliche

Chips investieren. Diese Leitplanken-Bestimmungen verdeutlichen die strategische Besorgnis der USA. Bislang hat China auf diese neuen US-Angriffe nicht mit expliziten Gegenmaßnahmen reagiert. Auch wenn der chinesische KP-Chef und Staatspräsident Xi Jinping in seinem Bericht auf dem 20. Parteitag von den Bedrohungen für Chinas nationale Sicherheit sprach, weil sie den weiteren Aufstieg sabotieren, dokumentieren die Ergebnisse des Parteitags keine größeren außen- und sicherheitspolitischen Veränderungen.

Aus chinesischer Sicht ist der US-Protektionismus für die Chipindustrie von der Mentalität des Kalten Krieges geprägt. Das Gesetz sei fehlerhaft, weil es der industriellen Entwicklung zuwiderlaufe. Gleichzeitig berühre es nicht die Kernprobleme der Abwanderung der amerikanischen Industrie. Es gehe zudem von der falschen Prämisse aus, ohne die Hilfe von US-Unternehmen und ohne deren Technologien könnten China und andere Länder in der Halbleiterindustrie niemals aufholen. Die Chip-Gesetze seien ein egoistisches Projekt, um eine hoch profitable Industrie weiter kontrollieren und die Position der USA in den globalen Lieferketten verbessern zu wollen. Diese Kritik aus China wird übrigens in Europa geteilt.

Da die USA mit dem US-Dollar als Weltwährung immer noch die weltweit vernetzten Finanzmärkte kontrollieren, ist der Finanzsektor ein weiterer Schauplatz des US-Wirtschaftskrieges gegen China. Mit der drastischen Erhöhung der Leitzinsen durch die Notenbank, die Schockwellen durch die Welt geschickt und vor allem die Finanzen der Länder des globalen Südens unter Druck gesetzt hat, hat der US-Dollar erneut seine führende Rolle als Zahlungsmittel, als Reservewährung für die globalen Kapitalmärkte und als »sicherer Hafen« für die Kapitalanleger unter Beweis gestellt. Immer noch werden die meisten Finanztransaktionen in Dollar fakturiert, die prognostizierte Ablösung des US-Dollars als Weltwährung durch einen Korb von mehreren, weltweit akzeptierten Währungen wie den Euro oder den chinesischen Yuan hat bislang nicht stattgefunden. Die Verschiebungen etwa vom US-Dollar zum Euro sind seit dessen Einführung im Jahr 2002 gering. Und China ist zwar seit Langem weltgrößte Handelsmacht, aber die meisten der Export- und Importgeschäfte werden immer noch in US-Dollar abgewickelt.

All dies hat in China nicht erst seit den westlichen Finanzsanktionen gegen Russland die Alarmglocken klingeln lassen. Mit einem Federstrich hat der »Wertewesten« unter Führung der USA im Frühjahr 2022 die im Westen gehaltenen Dollarreserven der russischen Staatsbank faktisch enteignet, und die russischen Banken und Finanzinstitute aus dem globalen Zahlungssystem SWIFT geschmissen. Der britische Wirtschaftshistoriker Adam Tooze verglich das Vorgehen mit dem Einsatz einer Neutronenbombe.[5] »Das

[5] Interview mit Adam Tooze in der Süddeutschen Zeitung, 11.3.2022.

ist einmalig in der Geschichte, führt zu einer sofortigen Krise. Wir haben die russischen Krisenreserven als Waffen benutzt.«

China als »Fabrik der Welt« und als weltgrößter Exporteur ist nach Jahrzehnten riesiger Handelsüberschüsse im bilateralen Handel der größte Gläubiger der USA mit Währungsreserven von fast zwei Billionen (= 2.000 Mrd.) US-Dollar. Die werden nicht alle in Peking gebunkert, sondern sind bei der US-Notenbank und bei anderen Zentralbanken deponiert. Nach dem Einsatz der »finanziellen Neutronenbombe« des Westens gegen Russland sollen die chinesische Zentralbank, deren Finanzbehörden und Regierung ähnliche Angriffe des Westens gegen China, also einen Finanzkrieg der USA gegen China, simuliert haben. Denn es ginge in diesem Fall um den Raub von Vermögen und den Gegenwert für die Produkte der Arbeit von hunderten Millionen Chines*innen, die durch ihre vergleichsweise billige Arbeit den Lebensstandard auch der einfachen US-Bürger*innen im Mittleren Westen der USA ermöglicht haben.

Dass die Gefahren eines Finanzschlages der USA gegen China durchaus real sind, zeigen die Entwicklungen auf dem überhitzten chinesischen Immobilienmarkt. Seit mehreren Jahren fallen die Immobilienpreise, die Bautätigkeit ist massiv eingebrochen. Weil aber ca. 75% der privaten Ersparnisse der Chines*innen in Immobilien stecken und weil über 90% der Haushalte Immobilieneigentum haben, weil zudem die chinesische Wirtschaft stark am Bausektor hängt, stellt die Immobilienkrise ein enormes gesellschaftliches und politisches Problem dar. Seit zwei Jahren versucht die Regierung, aus dem überhitzten Immobilienmarkt langsam und vorsichtig die Luft abzulassen. Verschiedene große Immobilienkonzerne, die bislang auf Pump Land zur Immobilienspekulation kauften und dann von den Wohnungskäufern Geld für Wohnungen kassierten, die nur in Hochglanzprospekten existierten, sind inzwischen faktisch pleite.

Hier kommen die Zinsanhebungen der US-Notenbank ins Spiel. Denn ein Großteil der Kredite und Schuldscheine der chinesischen Immobilienentwickler sind in US-Dollar denominiert. Sie müssen also auch in US-Dollar bedient und zurückgezahlt werden. Aber ein US-Dollar kostet plötzlich deutlich mehr, weil der Yuan gegenüber dem US-Dollar gefallen ist. Der deutsche Börsenmakler und Anlegerguru Dirk Müller mutmaßte im Herbst 2022, dass die drastischen Leitzinserhöhungen der US-Notenbank nicht nur von der US-Binneninflation motiviert seien, sondern dass sie letztlich Chinas Wirtschaft »ausknipsen« und den wirtschaftlich den USA mindestens ebenbürtigen Konkurrenten um viele Jahre zurückwerfen sollen. Es wäre der Versuch, mit der Waffe US-Dollar Chinas derzeit vermutlich größte wirtschaftliche Schwachstelle auszunutzen, und darauf zu setzen, dass ein Dominostein nach dem anderen fällt und der gesamte chinesische Finanz- und Bankensektor kollabiert. Sollte dieses Kalkül im Wirtschaftskrieg funktionieren, wäre der wirtschaftliche und gesellschaftliche Schaden für China unabsehbar.

Nach Angaben des US-Online-Magazins Politico (2.7.2022) war die US-Regierung zu diesem Zeitpunkt noch immer uneins darüber, ob auch die US-Auslandsinvestitionen und die riesigen Kapitalflüsse von der Wall Street nach China kontrolliert und am besten unterbunden werden sollen. Insbesondere das Handels- und das Finanzministerium waren dagegen. Dieselbe Frontstellung gab es schon in der Trump-Administration: Der damalige Handelsminister Steven Mnuchnin verhinderte Sanktionen gegen die Interessen der Wall Street.

Auch die Menschenrechte lassen sich wunderbar als Waffe im Wirtschaftskrieg einsetzen. Der US-Kongress verabschiedete im Juli 2022 ein Gesetz gegen angebliche Zwangsarbeit in der chinesischen Provinz Xinjiang, den »Uyghur Forced Labor Prevention Act (UFLPA)«. Unter dem Vorwand des Kampfes für Menschenrechte und gegen Zwangsarbeit muss künftig für jeden (!) US-Import, der aus China kommt, proaktiv nachgewiesen werden, dass in den Produkten oder deren Vorprodukten keine Teile oder Vorprodukte enthalten sind, die unter Zwangsarbeit in Xinjiang entstanden sind.[6] Faktisch gilt der Bann damit für alle Produkte und Vorprodukte aus dieser Provinz. Die Nachweispflicht liegt bei den Importeuren.[7] Das Gesetz stellt jahrzehntelang aufgebaute Lieferketten auf den Kopf. Logistikexperten aus Vietnam, Bangladesch und Norwegen oder aus multinationalen Unternehmen befürchten extreme Auswirkungen auf etablierte Lieferbeziehungen, die schon durch die Corona-Pandemie der letzten Jahre und die harten chinesischen Lockdowns strapaziert waren. Für die Unternehmen ist die Nachweispflicht fast unmöglich, denn jeder Schritt muss dokumentiert werden.

Produkte aus Xinjiang werden in mehr als 170 Länder verkauft, für die meisten Produkte wie Baumwolle oder Polysilizium als Rohmaterial für Solarpaneele gibt es keine oder keine kostengünstigen Alternativen. Bangladesch als zweitgrößter Produzent von Textilien importiert derzeit 60 bis 70%

---

[6] Belege für massenhafte Zwangsarbeit in Xinjiang sind dürftig, aber dominieren die Mainstream-Medien im Westen. Hauptquelle ist ein deutscher Evangelikaler, der in den USA für einen ultrakonservativen (CIA-finanzierten?) Thinktank arbeitet und dessen letzter propagandistischer Coup die Veröffentlichung von Bildern von 2018 (!) von Arbeitslagern anlässlich des Xinjiang-Besuches 2022 der UN-Menschenrechtsbeauftragten Bachelet war. Noch 2017 hatte der Uigurische Weltkongress geklagt, bei der Baumwollernte in Xinjiang würden Han-Chinesen über tausende Kilometer zur Ernte angekarrt, statt Uiguren zur Ernte einzusetzen. 2021 beklagte die gleiche Organisation Zwangsarbeit bei der Baumwollernte.

[7] Global Times, 2/8/22, unter: www.globaltimes.cn/page/202208/1271917.shtml (letzter Abruf: 23.3.20213).

seiner Garne und Stoffe aus China. Die Volksrepublik ist weltgrößter Produzent von Textilien und Bekleidung mit einem Weltmarktanteil von etwa 40% und ein großer Exporteur von Vorprodukten. Vietnams Textilindustrie bezieht mehr als 50% des Baumwollgarns und über 60% seiner Baumwollstoffe vor dort. Über 85% der chinesischen Baumwollproduktion kommt aus Xinjiang. Nur China hat in Asien komplette Produktions- und Lieferketten für Qualitätsbaumwollgarne und andere Stoffe. Der unvermeidliche Effekt des US-Gesetzes wird also ein weltweiter Preisanstieg bei Textilien sein.

Ein weiterer Effekt des US-Gesetzes gegen angebliche Zwangsarbeit in Xinjiang ist die Verknappung und damit Verteuerung wichtiger Rohstoffe und Komponenten für den Umstieg auf Solartechnologien. China dominiert seit langem die Produktion von Solarpaneelen, nach Angaben der Internationalen Energieagentur IEA wird sein Weltmarktanteil demnächst auf über 90% steigen. Allein in Xinjiang wird über die Hälfte des chinesischen Polysiliziums produziert, des wichtigsten Rohstoffes für die Paneele. Nach Daten von Bernreuter Research sitzen sieben der zehn weltgrößten Produzenten von Polysilizium in China (die anderen in den USA, Deutschland und Südkorea). Fünf der chinesischen Hersteller sind von den USA inzwischen sanktioniert. Nach einem Bericht der IEA vom 22.7.2022 liegen die Produktionskosten für Solarpaneele in China um 35% niedriger als in Europa, 20% niedriger als in den USA und 10% niedriger als in Indien.

Der Feldzug der USA gegen angebliche Zwangsarbeit in Xinjiang ist für die Weltwirtschaft kontraproduktiv. In den USA, Deutschland und anderswo gibt es viele Millionen arme Menschen, deren Lebensstandard durch die Verteuerung chinesischer (Vor-)Produkte sinkt. Und an den Lieferketten der Textilindustrie hängen vor allem weniger entwickelte Länder im globalen Süden, die durch die US-Sanktionen Absatzeinbrüche und den Verlust von Arbeitsplätzen befürchten müssen. Angesichts des Klimawandels und des riesigen weltweiten Nachholbedarfs beim Ausbau der erneuerbaren Energien erscheinen die Sanktionen gegen Chinas global führende Solarbranche geradezu als Programm, den Klimawandel weiter zu beschleunigen.

Vom Wirtschaftskrieg zum »heißen« Krieg?

Die gegen China gerichteten US-Gesetze, die verschärften Wirtschaftssanktionen und die verstärkten Bündnisanstrengungen der USA zielen letztlich darauf, einen offenen Krieg gegen China vorzubereiten, und zwar eher früher als später. Langes Zuwarten ist für die USA keine Option, denn Chinas Aufstieg zur führenden Wirtschaftsmacht wird weitergehen, trotz der Wirtschaftseinbrüche während des Covid-Lockdowns und trotz der US-Sanktionen. Chinas Militärmacht wird weiter wachsen, auch wenn es noch Jahrzehnte militärisch mit den USA nicht mithalten kann.

Ein Kommentator der Financial Times (23.6.2021) sah in China wieder einen ebenbürtigen Gegner. Weder Al-Qaida noch die Taliban hätten die USA jemals als Weltmacht herausgefordert, sie waren nie ein Modell für Wachstum und für eine akzeptable gesellschaftliche Ordnung. Indem man sich vom Nahen und Mittleren Osten abwendet und auf China konzentriert, hätte man wieder einen historisch formidablen Gegner. Ein kommender Krieg gegen China wäre für die USA eine Art Erlösung, denn ein solcher Feldzug entspräche den technischen Stärken und den psychischen Erfordernissen.

Wie die Geschichte zeige, hätte Amerika ein Talent für Großmachtpolitik. Historisch sind die USA in irregulären Konflikten gegen nicht-staatliche Gegner meist gescheitert. Für sie sind Konflikte vor allem Auseinandersetzungen zwischen Staaten. Washingtons Begeisterung für den Konflikt mit China sei nicht nur die klarsichtige Wahrnehmung eines realen Gegners. Es sei die Erleichterung der regierenden Eliten in den USA, dass sie sich wieder in vertrautem Terrain bewegen. Großmacht-Strategie als eine Art Befreiung gegenüber den Kriegen der USA der letzten 20 Jahre.

Es sei nicht nur Jubel der Admiräle und Generäle, die neue Ära des Kriegs gegen China habe auch das Potenzial, die Widersprüche an der US-Heimatfront zu überdecken, den Kollaps des nationalen Zusammenhalts, der zeitweilig in den Jahren nach dem 11. September 2001 entstanden war. In einer Nation wie den USA, die sich immer gegenüber einem anderen definiert haben, könne der Konflikt oder gar Krieg mit China mit einer viermal größeren Bevölkerung diesen inneren Zusammenhalt bewirken.

Das US-Militär bereitet den Krieg gegen China längst aktiv vor. Dabei nutzen die US-Generäle auch ihre Erfahrungen aus dem Stellvertreterkrieg, den sie in der Ukraine gegen Russland führen. In einem bemerkenswert freimütigen Interview mit der Financial Times (8.1.2023) erklärte James Bierman, kommandierender General des US-Marinekorps in Japan: »Wie haben wir den Erfolg in der Ukraine erreicht? Vor allem weil wir nach der russischen Aggression 2014 und 2015 ernsthaft den kommenden Konflikt vorbereitet haben: Training für die Ukrainer, vorsorgliche Lagerung von Nachschub und die Festlegung von Positionen, von denen aus wir die Unterstützung organisieren und die militärischen Operationen aufrechterhalten können. Wir nennen das ›theatre setting‹ (gemeint ist: den Kriegsschauplatz vorbereiten). Und genau das tun wir jetzt in Japan, auf den Philippinen und anderswo.«

Die USA und ihre Alliierten, insbesondere Japan, treffen bereits die nötigen Vorbereitungen für einen militärischen Konflikt mit China. Zusätzlich zu den fünf US-Basen auf den Philippinen kommen weitere fünf für die Lagerung von Waffen und für den logistischen Nachschub bei einem Konflikt.

Abb. 1: US-Militärstützpunkte in über 50 Ländern

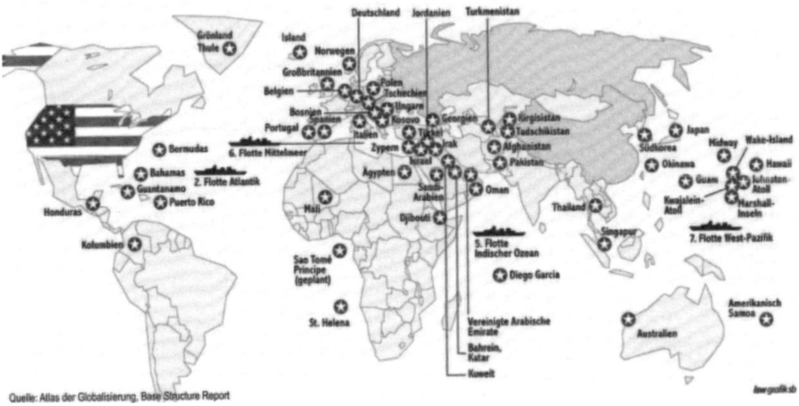

Quelle: taz-Atlas der Globalisierung; ISW

Erstmals seit dem Zweiten Weltkrieg haben die USA und Japan einheitliche Kommandostrukturen und integrierte Verbände für den Krieg gegen China geschaffen. Die japanische Regierung hat ihre frühere, von der Niederlage Japans im Zweiten Weltkrieg geprägte Militärdoktrin der reinen Selbstverteidigung längst aufgegeben und will seine Militärausgaben verdoppeln. Dazu gehört auch die Anschaffung von Raketensystemen, die das chinesische Festland treffen können. »Dadurch bekommen wir einen Ansatzpunkt, eine Operationsbasis, die uns einen enormen Startvorteil in unterschiedlichsten Szenarien gibt. Wenn wir uns mit dem chinesischen Feind messen müssen, der die Startpistole zieht und mit den Feindseligkeiten beginnt [...] können wir die Schlüsselstellungen und Gebiete definieren, die unbedingt gehalten und verteidigt werden müssen.«

Nach den meisten Szenarien geht es im kommenden Krieg der USA und der NATO gegen China um einen Seekrieg. Viele US-Strategen halten eine Seeblockade Taiwans durch die chinesische Armee für wahrscheinlicher als eine direkte Invasion auf der Insel.

Der Begriff »Indo-Pazifik« ist das neue geflügelte Wort der Geostrategen in Washington und anderswo im Westen inklusive der US-Verbündeten Australien, Japan und Südkorea. Es geht im Kern um die Kontrolle der beiden großen Ozeane, die die Wirtschaftszentren in Ostasien mit dem aufstrebenden Südasien inklusive Indien, dem Nahen Osten und Afrika verbinden. Die Seewege, über die der weitaus größte Teil des Welthandels und 80% des chinesischen Außenhandels abgewickelt wird, sind Teil dieses Konzepts. Erstmals erläuterte der frühere und inzwischen verstorbene japanische Ministerpräsident Shinzō Abe auf einem Gipfeltreffen 2016 mit afrikanischen Staaten die Idee von einem »Freien und offenen Indo-Pazifik«. US-Präsident Biden knüpfte daran an und propagierte ein »Indo-Pacific Economic Framework«. Der gemeinsame Hauptfeind in diesen geopolitischen Indo-Pazifik-Konzepten der US- und der japanischen Eliten ist China, längst der wichtigste Handelspartner rund um den Indischen Ozean und den Pazifik.

Allerdings ist über Presseerklärungen hinaus aus diesen Initiativen nicht viel geworden. Das liegt vor allem daran, dass die USA jenseits von militärischer und politischer Zusammenarbeit wenig zu bieten haben. Kein US-Präsident kann neue Verträge für freien Handel seiner Klientel verkaufen. Dabei wollen die Länder am Indischen Ozean und am Pazifik, wo der größte Teil der Erdbevölkerung lebt, in erster Linie einen besseren Zugang zum amerikanischen Markt und gleichzeitig ihre Wirtschaftsbeziehungen zu China halten (Economist, 7.1.2023).

Chinas Ambitionen: Multipolarität

Auch in den USA gibt es erfahrene Experten, Politiker und Diplomaten mit Kenntnis der Geschichte und der Hintergründe, die den aggressiven Anti-China-Kurs der vergangenen und der jetzigen Regierung nicht teilen. Zu ihnen gehört Chas Freeman, früherer US-Diplomat, u.a. Botschafter in Saudi-Arabien und Übersetzer 1972 beim ersten Treffen zwischen US-Präsident Nixon und Mao Zedong, das die spätere Aufnahme der sino-amerikanischen Beziehungen einleitete. Er fragt sich: »Warum müssen wir uns den Kopf zerbrechen über die Gefahr eines militärischen Konflikts zwischen USA und China? Washington könnte seine Beziehungen zu Taipeh aufwerten, die Verpflichtung der Vereinigten Staaten auf eine Ein-China-Politik in Frage stellen, oder auf andere Weise seinen Kurs in dieser für den chinesischen Nationalismus heikelsten Frage ändern [...] Ein zweiter Grund könnte relevant werden: Während sich Washington hartnäckig von der Vorstellung leiten lässt, die Vereinigten Staaten könnten Chinas Peripherie dauerhaft beherrschen, verliert diese Vorstellung in Asien stetig an Glaubwürdigkeit. Amerikas Macht befindet sich sichtlich im Niedergang, und dies nicht allein im Verhältnis zu China [...] Alle Anzeichen sprechen dafür, dass beide Trends sich beschleunigen werden. Sie sind Ausdruck neuer Realitäten, die sich durch gesteigerte US-Militärausgaben nicht ändern, geschweige denn umkehren lassen [...] China kann für die sieben Jahrzehnte seit der Gründung der Volksrepublik eine Bilanz strategischer Vorsicht vorweisen, die zeigt, dass es Fragen der Nationalen Sicherheit lieber diplomatisch [...] als mit kriegerischen Mitteln löst. Peking bevorzugt zu seinem Selbstschutz eindeutig nichtkriegerische

Maßnahmen. Es hat aber auch gezeigt, dass es zur Verteidigung der Grenzen und der strategischen Interessen Chinas durchaus bereit ist, Krieg zu führen. In jenen Fällen, in denen Peking tatsächlich militärische Gewalt eingesetzt hat, geschah dies bemerkenswert zielgerichtet, entschlossen, diszipliniert, zweckbegrenzt und ohne sich über Spielregeln hinweg zu setzen.«[8]

China ist eine Großmacht. Der Westen versucht, das aufsteigende Land als aggressive und imperialistische Macht abzustempeln. Es sei nicht nur auf dem Weg zu einer neuen Supermacht, es wolle sein Modell auch in die ganze Welt exportieren, damit sei die freie Welt (gemeint ist der Westen) in Gefahr. Chinas Wende zu mehr Autokratie sei eine Herausforderung für die Welt – so die Kommentatoren der Financial Times (9.3.2019).

Doch welche internationalen Ambitionen lassen sich aus den politischen und ökonomischen Aktivitäten Chinas erkennen, das zweifellos eine führende Wirtschafts-, inzwischen auch politisch und militärisch eine Großmacht ist? Im Vergleich zur sozioökonomischen Situation des Landes noch vor weniger als 50 Jahren sicherlich erstaunlich, aber aufgrund des eingeschlagnen Weges sowie der Größe des Landes und seiner Bevölkerungszahl mehr oder weniger zwangsläufig. Die marktwirtschaftlichen Reformen haben eine dynamische Kapitalakkumulation in Gang gesetzt und chinesische Kapitalgruppen die nationalen Schranken der Profitproduktion hinter sich gelassen. Aber ist die Volksrepublik deswegen eine neue aggressive imperialistische Supermacht, eine Bedrohung für den Rest der Welt?

China ist eine »nach Innen« und auf wirtschaftliche Prosperität und Ressourcensicherung ausgerichtete Großmacht. Das Vorgehen in Asien lässt sich als Versuch beschreiben, das regionale Umfeld präventiv zu kontrollieren, aber vor allem zum Schutz seiner territorialen Integrität und der eigenen wirtschaftlichen Entwicklung. Es ist eine weitgehend defensive Einflussnahme, basierend auf engen Beziehungen zu den Nachbarländern. Weil China viel größer ist als die meisten Länder in seiner Umgebung und eine um ein Vielfaches höhere Wirtschaftskraft hat, bringt diese Einflussnahme auch Abhängigkeiten mit sich – zuvorderst ökonomische, aber auch politische. Daraus einen aggressiven chinesischen Imperialismus zu konstruieren, geht an den Realitäten vorbei. Denn die Volksrepublik hat bislang keine Versuche unternommen, sich Länder in Asien oder anderen Erdteilen gefügig zu machen, also etwa Regimewechsel zu inszenieren. Der einzige Militärstützpunkt außerhalb des Landes im afrikanischen Dschibuti dient selbst westlichen Analysen zufolge allein dem Schutz chinesischer Handelsschiffe vor der Piraterie am Eingang zum Roten Meer. Deshalb beschreiben zwei deutsche Wissenschaftler, Witold Mucha und Sven Wöhrmann von der Universität Düsseldorf,

---

[8] Zitate aus dem in Anmerkung 3 erwähnten Interview.

China »nur« als Regionalmacht. Es baue zwar seine regionale Dominanz gegenüber den Nachbarstaaten aus, aber geopolitisch sei das Land nicht auf Augenhöhe mit den USA: »Trotz des bemerkenswerten sowohl wirtschaftlichen als auch militärischen Aufstiegs Chinas verfügt Peking nicht über die strukturelle Macht, um den Rückstand insbesondere gegenüber den USA aufzuholen bzw. um den Kriterien einer Weltmacht zu entsprechen.«[9]

Allein schon aufgrund seiner Größe, seiner Bevölkerungszahl kombiniert mit der wirtschaftlichen und technologischen Stärke ist China jedoch ein gefährlicherer Konkurrent für die USA als es andere Großmächte jemals waren. Irgendwann in den nächsten Jahrzehnten wird sich deren Pro-Kopf-Wirtschaftsleistung der der USA annähern. Dann wird die chinesische Wirtschaft um ein Mehrfaches größer sein als die der USA. Diese historische Kräfteverschiebung in der Welt wollen die USA verlangsamen.

Großmacht, ohne Supermacht-Ambitionen

Alle Belege für die angeblich zunehmend aggressive Außenpolitik Chinas beziehen sich auf Auseinandersetzungen um die staatliche Souveränität des Landes. In denen geht es aus Sicht der Regierung in Beijing um chinesisches Hoheitsgebiet, was im Einzelfall strittig sein mag. Aber es gibt keine Versuche Chinas, trotz der Aufrüstung der Marine, international oder auch nur regional militärisch einzugreifen. Der US-Ökonom Jeffrey Sachs bewertet die Behauptungen über Chinas angeblich aggressives Auftreten »ohne die leisesten Hinweise auf die aggressiven und expliziten Versuche der USA, China nach dem alten Lehrbuch der US-Außenpolitik einzudämmen. Die USA haben verschiedene Kriege gestartet, haben hunderte Militärbasen im Ausland, brechen einen internationalen Vertrag nach dem anderen, starten zunehmend schrille, einseitige Handels- und Technologiekriege gegen China, machen äußerst umstrittene Vorwürfe gegen China wegen der Covid-19-Pandemie ohne die behaupteten enormen Beweise. Sie fordern ihre Bündnispartner explizit auf, sich gegen China zu verbünden. Das gegenwärtige Drehbuch der US-Außenpolitik ist geprägt von dem Interesse der USA, ihre Vorherrschaft überall aufrechtzuerhalten.« (Financial Times, 27.10.2020)

Auch ein Blick in Chinas jüngere Geschichte gibt keinen Hinweis darauf, dass Xi Jinping und die Kommunistische Partei Chinas (KPCh) an der Umsetzung heimlicher Welteroberungspläne arbeiten. Eher das Gegenteil ist der

---

9 Veröffentlicht in der Ausgabe 3-4/2021 der Zeitschrift »Friedenswarte«. Zu beziehen unter: www.bwv-verlag.de/detailview?no=2009460321D. Zitiert nach dem empfehlenswerten monatlichen Newsletter ChinaHirn von Wolfgang Hirn.

Fall: War China noch im 18. Jahrhundert ein wirtschaftlich hoch entwickeltes Land (auf China und Indien entfiel die Hälfte der gesamten Wirtschaftsleistung der Welt), so wurde es im Zeitalter des Kolonialismus und Imperialismus im 19. und 20. Jahrhundert von den Kolonialmächten des Westens und später von Japan ausgeplündert sowie zum Spielball fremder Länder. Aus dieser Position hat es sich 1949 befreit, ist vom »Armenhaus der Welt« zu einem Land mit bescheidenem Wohlstand für die Masse der Bevölkerung geworden, und hat sich zu einer der führenden Industrienationen entwickelt. Nicht überall im Westen wird das bislang anerkannt.

Das Narrativ von Xi Jinping zielt darauf ab, den Wiederaufstieg Chinas als eines großen, international wichtigen Landes plausibel zu machen. Die Volksrepublik will international als Großmacht respektiert werden, die zur Neugestaltung der Weltordnung beitragen will. Damit gilt zwar nicht mehr die früher von Deng Xiaoping propagierte Außenpolitik nach dem Motto: »Den Ball flach halten«, doch »aggressive Supermacht« geht anders.

2017 gab Xi Jinping einen Hinweis auf Chinas langfristiges Denken, als er erklärte, es habe jetzt auch einen Fahrersitz in internationalen Angelegenheiten und wolle größere Beiträge für die Menschheit leisten. Das bedeutet nicht, Länder mit dem Modell vom »Sozialismus mit chinesischer Prägung« zu beglücken. Die KPCh will vielmehr sicherstellen, dass andere Mächte dem Land nicht in die Quere kommen. Die Regierung arbeitet daran, seine Diplomat*innen in einflussreichen Positionen in multilateralen Institutionen zu etablieren, sodass sie die globalen Regeln etwa über Internet-Governance oder über Menschenrechte mitgestalten können. Zudem nutzt die Regierung ihre Position im Sicherheitsrat der UN mittlerweile eigenständiger als noch vor wenigen Jahren – nimmt also eine gestaltende Rolle ein, auch wenn dies nicht von allen Seiten gleichermaßen begrüßt wird.

China hat also zweifellos internationale Ambitionen. Dazu gehört auch seine Unterstützung für die Arbeit der Vereinten Nationen als Organisation gleichberechtigter Nationen und ist dem Multilateralismus verpflichtet. Nach den USA zahlt die Volksrepublik den zweithöchsten Beitrag zum UN-Budget, und nach Angaben der Süddeutschen Zeitung (22.10.2021) stellt China mehr Soldaten für die UN-Friedenstruppen als die vier anderen Veto-Mächte im UN-Sicherheitsrat zusammen. Der Westen hat die Folgen dessen verstärkten Engagements für die Vereinten Nationen unterschätzt. China hat das Infrastruktur-Großprojekt der »Neuen Seidenstraße« inzwischen offiziell als Bestandteil der UN-Ziele für nachhaltige Entwicklung platziert.

China will die UN als Schutzmacht der internationalen Ordnung und des Multilateralismus stärken – im Gegensatz zu exklusiven militärischen Bündnissen und Allianzen des Westens. Daher vertritt die Volksrepublik die Position, dass es keine Einmischung der UN in innerstaatliche Konflikte geben darf und die Souveränität der UN-Mitgliedsstaaten ein hohes Gut ist. China betont das Recht auf Entwicklung gegenüber individuellen Freiheitsrechten und wehrt sich dagegen, die Allgemeine Erklärung der Menschenrechte zum Instrument der Einmischung in die Souveränität einzelner Staaten zu machen.

Zunehmend selbstbewusst entwickelt das Land seine außenpolitischen Initiativen. In einer Videobotschaft für die UN-Vollversammlung im September 2021 verkündete Xi Jinping erstmals die Globale Entwicklungsinitiative GDI (Economist, 11.6.2022) als Antwort der Welt auf die schweren Schocks durch Pandemie, Klimawandel etc, blieb allerdings noch vage über die Details dieser Initiative. Er sagte nur zu, sein Land werde keine Kohlekraftwerke mehr im Ausland bauen und wolle die Hilfe für arme Länder um drei Mrd. US-Dollar aufstocken. Chinesische Medien und Diplomaten erklärten, die GDI solle das Erreichen der von den UN-Mitgliedsstaaten 2015 vereinbarten Ziele für eine nachhaltige Entwicklung bis 2030 fördern. Zu diesen gehören u. a. die Beendung von Armut und Hunger, der Zugang zu bezahlbarer grüner Energie für alle, der Abbau der Ungleichheit und der Stopp der Umweltverschmutzung.

In den chinesischen Medien wird dies als Weiterführung der »Neuen Seidenstraße«, der Belt-and-Road-Initiative beschrieben, die Xi Jinping erstmals 2013 ankündigte, und die 2017 als ein umfassendes internationales Infrastrukturprogramm »Neue Seidenstraße« in die Statuten der KP Chinas aufgenommen wurde. Inzwischen beteiligen sich ca. 150 Länder am Projekt »Neuen Seidenstraße«. Im Mai 2022 erklärte der damalige chinesische Außenminister Wang Yi, China werde die Entwicklungsinitiative mit einem Bündel praktischer Maßnahmen konkretisieren.

Als Alternative zu den westlichen Militärbündnissen hat China zudem eine Global Security Initiative lanciert. Bei dem Boao-Forum im April 2022 auf der chinesischen Insel Hainan, einem jährlichen Treffen von Politik, Wirtschaft und Medien, hielt Xi Jinping eine Rede »Rising to Challenges and Building a Bright Future Through Cooperation«.[10] Darin schlug er erstmals eine »Global Security Initiative« (GSI) vor. Das Konzept wendet sich gegen Kalte-Krieg-Rhetorik, Machtpolitik und Hegemonie – und meint damit vor allem die USA: »Unsere Menschheit lebt in einer unteilbaren Sicherheitsgemeinschaft. Die Länder der Welt sind wie Passagiere auf dem gleichen Schiff, die das gleiche Ziel ansteuern. Damit das Schiff durch die Stürme navigieren und einer lichten Zukunft entgegensteuern kann, müssen alle Passagiere zusammenhalten. Die Idee, jemanden über Bord zu werfen, ist nicht akzeptabel.« Un-

---

[10] news.cgtn.com/news/2022-04-21/Full-text-Xi-Jinping-s-speech-at-2022-Boao-Forum-for-Asia-19ppial90Eo/index.html.

teilbare Sicherheitsgemeinschaft soll heißen, dass ein Land seine Sicherheit nicht auf Kosten der Interessen eines anderen Staates festigen darf.

Rush Doshi, China-Direktor in Bidens Nationalem Sicherheitsrat, argumentiert in einem im Jahr 2021 erschienenen Buch, China verfolge eine »großangelegte Strategie«, die amerikanische Weltordnung zu ersetzen. Es wolle das mächtigste Land in der Welt werden, was Stolz, signifikante politische und wirtschaftliche Vorteile, aber auch Kosten und Risiken mit sich bringe.

Das Militärische ist sicherlich ein Feld, in dem der Unterschied zwischen Fähigkeiten und Entschlossenheit am wichtigsten ist. Und Kriege waren auch historisch die Mittel und Hebel, durch die neue Supermächte aufstiegen und die Weltordnung veränderten. China baut zwar seine Militärmacht aus, es ist aber fraglich, ob es überhaupt willens oder fähig ist, die Bürde einer globalen Militärmacht auf sich zu nehmen. Das Land hat seit den Zusammenstößen 1979 mit Vietnam keinen Krieg mehr geführt und rühmt sich seines friedlichen Aufstiegs. Und anders als die USA ist China sehr zögerlich mit Versprechen, seine Freunde und Verbündeten zu verteidigen.

China hat als die inzwischen große Handels- und Industriemacht zwar eine deutlich gewachsene politische Bedeutung erlangt, und Länder mit großen Handelsbeziehungen und/oder signifikanten chinesischen Investments sind zweifellos zögerlich bei entsprechenden Konflikten. Aber das wirtschaftliche Gewicht ist nicht immer ausschlaggebend, was die Politik von Japan, Australien und Südkorea zeigt, für die China der größte Handelspartner ist.

Die von den US-, NATO- und EU-Strategen behauptete systemische Rivalität von konkurrierenden politischen Systemen und Weltbildern ist sehr fraglich. Im Kern geht es im amerikanisch-chinesischen Konflikt um Macht, nicht um Ideologie. Die USA und der Westen würden sich auch dagegen wehren, von einem demokratischen China eingeholt oder überholt zu werden.

China könnte sein großes Netz von zivilen Hafenprojekten und -beteiligungen von Myanmar über Sri Lanka und Pakistan bis nach Griechenland um eine militärische Komponente erweitern, argumentieren US-Pentagon-Strategen. Aber es ist äußerst unwahrscheinlich, dass die Volksrepublik auch nur in der Lage ist, Sicherheitsgarantien anzubieten, die NATO-Mitgliedstaaten und ca. 30 weitere Länder dazu gebracht haben, US-Truppen zu stationieren.

Ohne eine vergleichbare weltweite Militärpräsenz wie die USA muss China andere Wege finden, eine Supermacht zu werden – oder solche Ambitionen aufgeben. Denn Wirtschaftsmacht allein reicht nicht aus, um aus einem Land eine »Supermacht« zu machen, wie der britische Historiker Adam Tooze deutlich machte: »Darin liegt der Unterschied zwischen Chinas Aufstieg und dem Aufstieg der USA. Die USA stiegen auf vor dem Hintergrund eines totalen Krieges, der Europas Militärmacht ausgelaugt hatte und der das perfekte Vehikel für Amerika bot, seine industrielle und technologische Stärke auszuspielen [...] Die USA beanspruchten die demokratische Führung in der Welt, als der Krieg alle traditionellen Standards der Legitimität untergraben hatte [...] Für China bietet sich keine solche Möglichkeit. Seine relative finanzielle und wirtschaftliche Stärke ist weit geringer als die der USA im frühen 20. Jahrhundert [...] Will Beijing zu einem neuen Kreuzzug für eine Modernisierung mit chinesischen Charakteristiken aufrufen? Sicher nicht.« (Financial Times, 24.5.2014)

China will vor allem Geschäfte machen, Produkte verkaufen, mit Auslandsinvestitionen neue Absatzmärkte erschließen und sich Zugriff auf Technologien sichern, um international wettbewerbsfähig zu sein. Außerdem will das rohstoffarme Land, das fast die Hälfte der Weltproduktion von Kupfer, Eisenerz, Seltenen Erden etc. verbraucht, seinen riesigen Rohstoffbedarf absichern. Geschäftliche Interessen dominieren die chinesische Politik in den Ländern Afrikas und in anderen Regionen des Globalen Südens. Dieser Zugriff Chinas auf Märkte, Arbeitskräfte und Ressourcen ist sicherlich genauso kritisch zu begleiten wie das wirtschaftliche Gebaren anderer Staaten – einen aggressiven Imperialismus stellt es aber nicht dar.

Auch hinter dem Projekt der »Neuen Seidenstraße«, die Ost- und Südasien, Europa und den Nahen und Mittleren Osten enger verknüpfen soll, stehen in erster Linie wirtschaftliche Überlegungen. Gleichzeitig ist es ein großes geopolitisches Programm, das darauf hinausläuft, China als eurasische Macht zu stärken. Für den britischen Historiker Peter Frankopan wird mit dem Projekt die Idee eines eurasischen Großkontinents wiederbelebt.[11] Langfristig könne sich das Zentrum der Weltwirtschaft zurück nach Eurasien verlagern. Auch wenn China mit dem Projekt seine wirtschaftliche Einflusssphäre absichern will, bleibt die Frage, ob die chinesischen Strategen solche Gedanken hatten, Spekulation.

Die USA unterstellen China neokoloniale Ambitionen in Afrika und Lateinamerika. Für die amerikanische Afrika-Expertin Deborah Braeutigam ist der Vorwurf des chinesischen Neokolonialismus in Afrika überzogen: »Der Kolonialismus hat totale politische Kontrolle bedeutet, für China ist das politische Element eher leicht.« Afrika ist für China vor allem ein Versuchsfeld für die weitere wirtschaftliche Expansion und Sicherung der Rohstoffzugänge. Die Baukonzerne z. B. üben für Bauprojekte bei mittelgroßen bis großen Bauvorhaben. Dort sind sie sehr wettbewerbsfähig.

Aus afrikanischer Perspektive bringt Chinas Präsenz bei allen Risiken einzelner Projekte und von Korruptionsfällen, die auch in China öffentlich diskutiert werden, handfeste Vorteile bei der Finanzierung und bei Ingenieur-

---

[11] Peter Frankopan (2015): Das Licht aus dem Osten: Eine neue Geschichte der Welt, Berlin: Rowohlt.

leistungen. Vor allem aber bringt die Volksrepublik für die afrikanischen Staaten endlich Wahlmöglichkeiten im Handel und in den wirtschaftlichen Beziehungen. Jeffrey Sachs beschreibt deshalb Chinas Engagement als die »wichtigste Entwicklung für Afrika in dieser Generation« (Financial Times, 14.6.2017). Für den sambischen Ökonomen Dambisa Moyo, der in seinem Buch »Dead Aid« von 2011 die westliche Entwicklungshilfe an den Pranger gestellt hatte, hat sich »mit China das alte Narrativ von Geberländern und Empfängerländern massiv verändert [...] Afrikanische Länder brauchen Handel und Investitionen. Es ist gut, wenn China oder auch Indien, Türkei, Russland oder Brasilien neue Handels- und Investitionsmöglichkeiten für Afrika bringen.« (Financial Times, 25.6.2020)

Nach innen gewandt, trotz hoher Militärausgaben

Die KPCh und die Regierung sind vorsichtig angesichts der riesigen Aufgabe, ein Land mit 1,4 Mrd. Menschen zu regieren. Denn die Größe und Komplexität der Probleme Chinas setzt das politische System und die Entscheidungsträger*innen unter extremen Druck. So ist pro Kopf Chinas Wirtschaftsleistung nicht höher als die von Mexiko oder der Türkei. Partei und Regierung haben klare Prioritäten: Bis 2025 soll China zur Liga der Länder mit höherem Pro-Kopf-Einkommen aufschließen und bis 2050 zu den 30 reichsten Volkswirtschaften in der Welt gehören. Der Fokus liegt auf der Entwicklung des eigenen Landes, für das zudem die Gefahr einer permanenten strukturellen inneren Überdehnung und einer Überforderung des Systems und seiner Institutionen besteht. Die Bevölkerungsdichte im Osten und Süden ist sehr hoch, während der Westen und Südwesten – Regionen mit vielen ethnischen Minderheiten – dünn besiedelt ist. Das trifft auch für das wirtschaftliche und soziale Gefälle zwischen einzelnen Landesteilen zu. Solche Widersprüche machen eine imperiale Rolle Chinas in der Welt sehr unwahrscheinlich. Die zentralen Interessen der chinesischen Politik sind die weitere Modernisierung des Landes, die politische Stabilität und der Erhalt des Regimes sowie die Einheit Chinas. Diese Prioritäten werden sich langfristig kaum ändern.

Seit 2000 gibt China jährlich etwa 2% der Wirtschaftsleistung für das Militär aus. In Kaufkraftparität gerechnet, liegen laut des schwedischen Friedensforschungsinstituts SIPRI die Militärausgaben nach Wechselkursen bei etwa einem Drittel der US-Militärausgaben. Chinas Aufholjagd über die letzten 20 Jahre reflektiert vor allem das größere Wirtschaftswachstum des Landes.

Selbst wenn die Volksrepublik bei den Militärausgaben mit den USA gleichziehen würde, verfügen die Vereinigten Staaten trotz der De-Industrialisierung in vielen Produktionszweigen seit vielen Jahrzehnten über den technologisch modernsten militärisch-industriellen Komplex, der sich in einem immensen konstant hohen Anteil der Militärausgaben an der US-Wirtschaftsleistung manifestiert. Gegen diese geballte, über Jahrzehnte akkumulierte Militärmacht hat China keine Chance. Seine Militärpolitik zielt auf die Verteidigung in einem möglichen Krieg. Die Volksrepublik baut kein Netz von weltweiten Stützpunkten auf, die maritimen Ambitionen im Südchinesischen Meer zielen auf die Sicherung der Seewege für die Exporte und die Versorgung Chinas. Der Vorwurf des Westens, das Land würde die Freiheit des Welthandels und der Seewege bedrohen, ist absurd angesichts der Tatsache, dass es als größte Exportnation der Welt gerade darauf angewiesen ist.

Für eine andere Globalisierung

China hat eine andere Vorstellung von Globalisierung als das westlich-liberale Projekt. Xi Jinping verteidigte die Globalisierung 2017 vor der in Davos versammelten globalen politischen und wirtschaftlichen Elite und betonte den freien Handel, von dem China profitiert. Gleichzeitig betonte er das Prinzip der Nichteinmischung in die inneren Angelegenheiten anderer Länder und insistierte auf Chinas Recht, seinen Entwicklungsweg selbst zu bestimmen. Sein Land habe sich nach seinen eigenen Bedingungen in das globale Wirtschaftssystem eingebracht und binnen einer Generation 600 Mio. Menschen aus der Armut befreit. »China steht zu seinen eigenen Bedingungen und Erfahrungen. Wir haben die Weisheit der chinesischen Zivilisation geerbt und lernen von den Stärken im Osten und Westen [...] Wir lernen, wir kopieren aber nicht von anderen. Wir formulieren unseren eigenen Entwicklungsweg durch kontinuierliches Experimentieren [...] Kein Land sollte den eigenen Weg als den einzig gangbaren Weg aufs Podest stellen.« (Financial Times vom 20.1.2017).

In der Logik christlich geprägter, aggressiv-imperialer Welteroberungsstrategien ergibt die Angst vor China einen begrenzten Sinn, denn wenn das Land zur größten Wirtschaftsmacht der Welt aufsteigt, dann muss es diesen westlichen Vorstellungen zufolge zwangsläufig ebenfalls auf politische und militärische Expansion setzen, den Westen herausfordern und die USA vom Thron stoßen. Dazu schreibt der Ökonom und frühere polnische Außenminister Grzegorz Kolodko 2020: »China will nicht andere Länder zu Feinden abstempeln [...] Es ist erstaunlich, aber China scheint besser zu verstehen, was gegenwärtig auf dem Spiel steht an der gegenwärtigen Kreuzung der Zivilisation.«[12]

---

[12] Gregorz Kolodko (2020): China and the Future of Globalization: The Political Economy of China´s Rise, London, IB Tauris Publishers.

China ist im globalen Machtgefüge als wirtschaftliche Weltmacht mit enormem internationalem Einfluss mittlerweile klar platziert. Die Bedrohungsszenarien der westlichen Propaganda entspringen Ängsten, ins Hintertreffen zu geraten. Mit einer tatsächlichen, vor allem militärischen Bedrohung der Welt durch China hat all dies wenig zu tun. Die Volksrepublik muss in ihrem Bemühen um die innere Stabilität und wirtschaftliche Absicherung verstanden werden – und für die Folgen mancher dieser Aspekte gern auch kritisiert werden. Die globale Angstmache vor einem neuen »Kalten Krieg« hilft allerdings niemand – weder in China noch in den Gesellschaften im Westen oder in den Ländern des Globalen Südens.

Zu der Einschätzung, dass China nicht nach Weltherrschaft strebt, kommt auch der Frankfurter Wirtschaftshistoriker Werner Plumpe: »Es ist wohl diese Serie von Demütigungen, die China hinnehmen musste und die den Boden für einen fast 50-jährigen Krieg bereitete, der in einer Mischung aus Bürgerkrieg und japanischer Aggression das Land bis zum Beginn der kommunistischen Ära 1949 prägte. Diese Demütigungen bestimmen maßgeblich den Hintergrund für das chinesische Streben nach Gleichberechtigung und ›Augenhöhe‹. Dass sich diese Momente mit der kommunistischen Herrschaft vermischt haben, macht sie nicht weniger wirksam; es spricht kaum etwas für die Annahme, die nationalen Selbstbehauptungsimpulse verlören bei einem Schwinden des kommunistischen Einflusses an Gewicht. Sie sind da und sie bilden die Grundlage für die Vorstellung, nur eine durchgreifende Modernisierung des eigenen Landes werde ein erneutes Absinken in einen halbkolonialen Status verhindern, für den die Wegnahme Taiwans 1895 das schmerzhafteste Symbol war. Ein Streben nach Weltherrschaft ist das zumindest in direkter Hinsicht kaum, wie auch China historisch so etwas nie angestrebt hat. In gewisser Hinsicht war das Land sich stets selbst genug – so lange, bis der Freihandelsimperialismus Chinas Schwächen gnadenlos offenbarte. Dass so etwas wiederkehrt, wird man in China um jeden Preis verhindern wollen.«[13]

---

[13] Werner Plumpe: Trauma des westlichen Freihandelsimperialismus sitzt tief. China will das Trauma des Handelsimperialismus um jeden Preis verhindern, erschienen im: Handelsblatt 2.5.2022.

Kapitel 2
Der Chipkrieg gegen China

USA wollen Kontrolle über Zukunftstechnologien behalten

Nach dem persönlichen Gespräch zwischen US-Präsident Biden und Chinas Staatspräsident Xi Jinping am Rande des G20-Gipfels auf der indonesischen Insel Bali titelte die Süddeutsche Zeitung am 19.11.2022: »Neuer Kalter Krieg vorerst abgesagt.« Das bezog sich darauf, dass es erstmals wieder seit Jahren ein längeres Gespräch zwischen den politischen Führern der beiden größten Wirtschaftsmächte der Welt gegeben hat. Aber es kann keine Rede davon sein, dass die USA ihre aggressiven Wirtschaftssanktionen auch nur teilweise zurückgenommen haben. Insbesondere das im Oktober 2022 von Biden ausgesprochene Verbot, China mit modernsten Chips oder mit Anlagen zu deren Entwicklung und Herstellung zu beliefern, bleibt in Kraft. Das Verbot richtet sich faktisch gegen alle Staaten auf der Welt, die in der Chipindustrie eine Rolle spielen. Es soll den weiteren wirtschaftlichen und technologischen Aufstieg des Landes stoppen, das die weltweite wirtschaftliche, politische und militärische Vormachtstellung der USA ernsthaft gefährdet.

Modernste Halbleiter und inzwischen auch Künstliche Intelligenz sind Vielzweck-Werkzeuge – natürlich auch für militärische Anwendungen, vor allem aber fundamentale Bausteine einer fortgeschrittenen, international wettbewerbsfähigen Volkswirtschaft. China den Zugang zu ihnen zu verwehren, ist der Versuch, seine weitere Entwicklung zu stoppen.

Halbleiter oder Chips sind ein Produkt der kapitalistischen Globalisierung: Entwickelt wurden sie in den 1950er-Jahren in den USA im Silicon Valley an der kalifornischen Westküste und an der Ostküste um Boston im Auftrag und auf Rechnung des Pentagons. Verbaut wurden sie ursprünglich von der Rüstungsindustrie. Für den Rüstungswettlauf im Kalten Krieg brauchte das Pentagon miniaturisierte Rechenleistung für die Computer zur Raketensteuerung. Diese Sorte staatlicher Industriepolitik machte Vorgaben für die Miniaturisierung mit der gleichzeitigen Ankündigung, gute Preise auch für kleinste Stückzahlen zu zahlen. Die ersten zwei größeren Aufträge Anfang der 1960er-Jahre erfolgten für Steuereinheiten für das Apollo-Weltraumprogramm und für die amerikanischen Minuteman-II-Raketen.

Die privaten Hersteller in diesem Rüstungsnischengeschäft wollten wachsen und suchten bald nach Anwendungen jenseits des Militärs. Mit dem Siegeszug zuerst der Taschenrechner, später der PCs und der Spielekonsolen für das Gaming begann die Kommodifizierung der Halbleiter, ihre Entwicklung zum Massenprodukt. Inzwischen sind sie als Grundbausteine für Maschinen, Anlagen und Verbraucherprodukte aus dem Alltagsleben und aus der Wirtschaft nicht mehr wegzudenken.

Die Halbleiterbranche wurde eine globale Industrie mit einem Jahresumsatz von 550 Mrd. US-Dollar im Jahr 2021. Die Entwicklung der hoch komplexen Halbleiter ist vor allem in den USA und in Ostasien, in Japan, Südkorea und Taiwan, inzwischen auch in China konzentriert. Selbst in Westeuropa gibt es große Entwicklungskapazitäten. Dagegen findet die Fertigung, also das Aufbringen winzigster Schaltkreise auf die sogenannten Wafer, die pizzaförmigen Siliziumscheiben, vor allem in Ostasien statt – meist bei Auftragsfertigern, den sogenannten Foundries. Die weiteren Produktionsschritte wie das Ausschneiden der Chipstrukturen aus den Siliziumscheiben, das Testen und das Packaging sind ebenfalls meist in Ostasien konzentriert. Auf Europa entfallen kaum noch 6% der weltweiten Chipfertigung, auf die USA 13%.

Auch die Herstellung von Anlagen und Maschinen für die Chipindustrie und von Software für den Entwurf von Chips ist hochgradig spezialisiert und konzentriert. Nur wenige Firmen in den USA, Japan und Europa beherrschen dieses Geschäft. So liefert der niederländische ASML-Konzern mit Zeiss-Optik und Lasern vom Maschinenbauer Trumpf ausgestattete modernste Belichtungsmaschinen zum Stückpreis von 150 Mio. Euro. Diese technischen Wunderwerke können ultrafeine Leiterbahnen in der Größe eines Bruchteils eines Haares auf die Wafer auftragen. Siemens mit seiner 2017 gekauften US-Tochter Mentor Graphics und andere Firmen liefern wiederum die nötige Software für das Chipdesign.

In den letzten 70 Jahren sind die Halbleiter immer kleiner, schneller und sparsamer geworden. Der US-Wissenschaftler und Intel-Mitbegründer Gordon Moore hatte schon in den 1960er-Jahren die Faustregel formuliert, nach der sich durch die Miniaturisierung alle 18 bis 24 Monate die Anzahl der Transistoren pro Flächeneinheit auf einem Chip und damit die Rechenleistung verdoppelt. Immer kleiner, immer schneller gilt bis heute. Umgekehrt geht es bei der Fertigung von modernsten Prozessoren und Speicherchips – auf diese Halbleiter bezog sich die Erkenntnis von Moore – in gigantische Dimensionen: Der Energie- und Ressourcenaufwand wird immer größer, je kleiner die Leiterbahnen der Chips werden. Die Branche ist kapital- und ressourcenintensiv, Strom- und Wasserverbrauch sind extrem hoch. Für den Bau einer neuen Halbleiterfabrik werden bis zu 20 Mrd. US-Dollar fällig. Eine moderne Chipfabrik verbraucht 100 Megawattstunden Strom pro Stunde und 156.000 Tonnen Wasser pro Tag – da können selbst Autofabriken nicht mithalten.

Die Halbleiterindustrie steht exemplarisch dafür, dass die Entwicklung modernster Technologien längst nicht mehr kompatibel ist mit dem engen Rahmen des Privateigentums an Produktionsmitteln, also den Werken und den Chip-Entwicklungszentren mit ihrem Know-how. Ohne die Umwälzung

Abb. 2: Marktanteil von Halbleiterherstellern in %

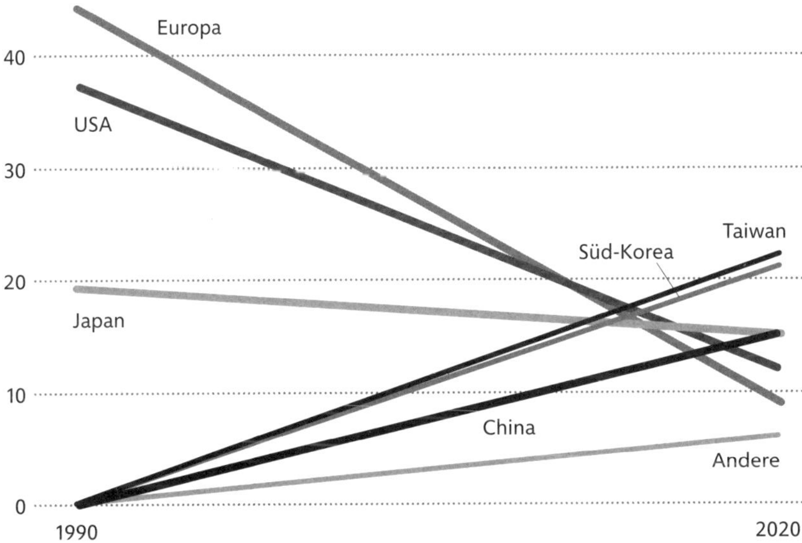

Quelle: Financial Times

der riesigen Kapitalkosten auf die Gesellschaft gäbe es die Halbleiterindustrie auf dem heutigen Niveau nicht – weder in den USA noch in Ostasien oder in Europa. Die Volksrepublik China hat gleich Staatskonzerne gegründet, damit die technologische Aufholjagd auf dem Chipsektor gelingt.

Wegen der enormen Kapitalkosten ist seit Langem Arbeitsteilung angesagt: Die einen designen die Chips – hier sind US-Firmen wie NVIDIA, Qualcomm und die britische Firma ARM dominierend. Aber auch Großverbraucher von Chips wie Amazon, Apple oder Tesla entwickeln auf ihre besonderen Anforderungen zugeschnittene Chips selbst. Zum anderen gibt es spezialisierte reine Halbleiterhersteller, sogenannte Fabs oder Foundries, mit hohem Fertigungs-Know-how. Dagegen sind integrierte Halbleiterkonzerne wie Samsung oder Intel, die nicht nur Chips entwickeln, sondern auch selbst fertigen, inzwischen die Ausnahme. Früher war bei Mikroprozessoren der US-Konzern Intel technologisch führend. Der setzte bis in die 2000er-Jahre zusammen mit Microsoft im »Wintel«-Duopol die PC-Standards und kam alle ein bis zwei Jahre mit einer neuen Chip-Generation und neuem Windows-Betriebssystem auf den Markt. Heute steht Intel unter dem Druck der Investoren, die die Aufspaltung des Konzerns in eine reine Entwicklungsfirma und in einen spezialisierten Auftragsfertiger fordern.

Immer weniger Unternehmen sind noch in der Lage, Chips der neuesten Generation mit feinsten Leiterbahnen zu produzieren. Leiterbahnen von 7 nm sind das Nonplusultra, demnächst werden Chips mit Leiterbahnen von nur 5 nm und künftig sogar 2 nm gefertigt. Vor 20 Jahren gab es weltweit noch 25 Hersteller, die solche Spitzenchips produzieren konnten. Heute verfügen nur noch der taiwanesische Auftragsfertiger TSMC und der südkoreanische Samsung-Konzern über das nötige Know-how dafür. Und das nicht im Alleingang, sondern im Zusammenspiel mit hoch spezialisierten Zulieferern entlang globaler Lieferketten. Intel ist nur noch ein Schatten seiner selbst und bei der Miniaturisierung gegenüber der Konkurrenz aus Asien um Jahre zurück.

Die mit staatlicher Unterstützung und im Umfeld von ITRI, dem Forschungsinstitut für Industrietechnologie, gegründete Taiwan Semiconductor Manufacturing Corporation (TMSC) ist der weltweit bedeutendste Auftragsfertiger für Chips. Nach diesem Modell lassen Chipfirmen wie Qualcomm (USA) oder ARM in Großbritannien, deren Spezialität die Chipentwicklung ist, die aber keine eigenen Fabriken haben, ihre speziellen Chipdesigns von hoch spezialisierten Produktionsfirmen umsetzen. Die Auftragsfertiger für Halbleiter sind nicht etwa billige Lohnfertiger, sondern setzen in ihren voll automatisierten Fabriken modernste Technologien ein. Allein TSMC wird in den nächsten Jahren über 100 Mrd. US-Dollar in die weitere Miniaturisierung investieren. Die meisten Auftragsfertiger kommen aus Taiwan, darunter auch Globalfoundries, die das frühere AMD-Werk in Dresden gekauft haben. Speziell ihre Bedeutung für die weltweite Versorgung mit Chips macht die direkt vor dem chinesischen Festland gelegene kleine Insel Taiwan als US-Faustpfand im Kampf gegen China so wichtig.

Mit den neuesten Generationen von Logik- und Speicherchips mit den feinsten Strukturen wird richtig Geld verdient. TSMC macht damit fast die Hälfte seines Umsatzes. Abnehmer sind in erster Linie Handy-Hersteller und Telekommunikationsunternehmen wie Apple, Samsung, Huawei, Lenovo und Dell. Die werden bevorzugt beliefert, sie zahlen am besten und nehmen zuverlässig große Stückzahlen ab, weil sie bessere Margen haben. Daher waren sie von den Lieferengpässen der letzten Jahre im Zuge von Corona kaum betroffen. Dagegen mussten z. B. Autohersteller eher in die Röhre schauen.

Chip ist aber nicht gleich Chip. Logik-Halbleiter oder Mikroprozessoren verarbeiten Daten, sie »rechnen«. Grafik-Prozessoren sind optimiert auf die Berechnung und Darstellung von Bildern. Speicherchips speichern Daten. Mikrocontroller wiederum sind winzige Computer mit Prozessor, Speicher und Timer auf einem einzigen Chip, meist fest verbaut für bestimmte Anwendungen z.B. in Robotern oder Fernbedienungen. 30% der Nachfrage nach Chips aller Art entfällt auf PCs, 20% auf Smartphones. Auf die Autoindustrie und auf Data Center jeweils 10%.

Die »Fabrik der Welt« braucht Chips

China ist in den letzten Jahrzehnten in rasantem Tempo vom armen Entwicklungsland zur Wirtschaftsmacht und zur »Fabrik der Welt« geworden. Für die im Land gefertigten und in die ganze Welt exportierten Produkte – von Smartphones über E-Autos bis zu Hochgeschwindigkeitszügen – gibt es einen riesigen Bedarf an Computerchips. Auf dem chinesischen Festland wird mehr als die Hälfte aller Halbleiter verbaut, die weltweit produziert werden. Mehr als Hälfte des Weltumsatzes der Halbleiterbranche von insgesamt 550 Mrd. US-Dollar im Jahr 2021 entfiel auf China. Deshalb haben alle großen internationalen Halbleiterkonzerne Fertigungen und teilweise auch Entwicklungsabteilungen dort. Ausländische Hersteller kontrollieren immer noch etwa 80% der Umsätze am chinesischen Halbleitermarkt.

Auch die taiwanesischen Halbleiterkonzerne sind auf Fertigungsstandorte in der Volksrepublik angewiesen. Denn vor allem dort werden elektrische und elektronische Produkte in riesigen Stückzahlen für den Weltmarkt produziert. Das sichert den Absatz der Halbleiter, denn die Endkunden wollen keine Chips, sondern fertige Geräte.

Der Aufstieg des taiwanesischen Auftragsfertigers Hon Hai, besser bekannt unter dem Namen Foxconn als Haus-und-Hof-Produzent von Apple-Produkten, wäre ohne die riesigen, in ganz China verteilten Werke mit teilweise mehreren hunderttausend Beschäftigten nicht möglich gewesen. Samsung und SK Hynix aus Südkorea produzieren ebenfalls in großen Werken in China: Bei Samsung sind es mehr als 40% der Produktion von NAND-Flash-Speicherchips und bei SK Hynix 45% aller gefertigten DRAM-Speicherchips. Da heute fast alle PCs und 80% aller Smartphones in China produziert werden, ist das Land als Absatzmarkt für die Bausteine extrem wichtig. Intel machte dort allein im Jahr 2021 über ein Viertel des Gesamtumsatzes von 79 Mrd. US-Dollar. NVIDIA aus den USA, spezialisiert auf Grafik-Chips und Chips für Rechenzentren, rechnete nach den US-Sanktionen vom Sommer 2022 mit einem Umsatzeinbruch von mindestens 6%, denn in China ist auch die Elektronikindustrie konzentriert – von Alltagsartikeln bis zu Cloud-Servern für riesige Rechenzentren.

Chinas eigene Halbleiterindustrie wächst und ist inzwischen groß, kann aber den riesigen Bedarf noch nicht annähernd decken und mit den Marktführern aus den USA und Ostasien technologisch nicht mithalten. Zwar entfällt auf das Land schon fast ein Fünftel der globalen Halbleiterproduktion – in Staats- und Privatunternehmen sowie in Produktionsstätten internationaler Konzerne. Das reicht noch nicht für den riesigen eigenen Bedarf. So zahlte das hochgradig von Energieimporten abhängige Land in den letzten Jahren mehr für Importe von Halbleitern als für Kohle, Öl und Gas zusammen. Chips machen die größte Position in Chinas Importbilanz aus, im Jahr 2021 mehr als 400 Mrd. US-Dollar. An dieser Stelle ist das Land besonders verwundbar. Deshalb steht die Förderung der heimischen Chip-Industrie seit vielen Jahren ganz oben auf der Agenda der Regierung und der chinesischen Staatspläne. Seit die USA eine systematische Anti-China-Politik ins Werk gesetzt haben, hat das eine besondere Dringlichkeit bekommen. Nicht zufällig waren Technologiekonzerne wie Huawei sowie Chinas führender Chiphersteller, die Semiconductor Manufacturing International Corporation (SMIC), die ersten Opfer der US-Sanktionen. Sie landeten 2020 auf einer schwarzen Liste der US-Regierung und durften künftig nicht mehr mit modernsten Technologien beliefert werden.

Nach Chinas ehrgeizigen Plänen sollte eigentlich schon 2025 der Anteil chinesischer Firmen am internen Halbleitermarkt bei 70% liegen. Aber das Land ist noch weit entfernt davon, und von der angestrebten Selbstversorgung mit Chips kann keine Rede sein. Im Jahr 2020 produzierte China selbst gerade mal 16% des gesamten Chipverbrauchs. Die in diversen Fünfjahrplänen ausgegebenen Zielmarken wurden allesamt gerissen. Gleichzeitig sind Chinas Staatsplaner mit einer explosionsartig wachsenden Nachfrage nach Chips konfrontiert, u. a. für künstliche Intelligenz, E-Autos und autonomes Fahren. Damit rückte das Ziel, unabhängiger von Importen zu werden, immer wieder in die Ferne. An mangelnder staatlicher Förderung lag es nicht: Schon 2014 hat China einen mit umgerechnet 24 Mrd. US-Dollar gefüllten National Semiconductor Fund installiert, der 2019 nochmals mit 30 Mrd. US-Dollar aufgefüllt wurde. Die Lokalregierungen haben mindestens weitere 25 Mrd. US-Dollar investiert. 2019 verkündete die Regierung zudem die Befreiung von Unternehmenssteuern für zehn Jahre für die Fertigung von modernsten Chips. Der Geldregen für die Chipindustrie führte allerdings auch zu Fällen privater Bereicherung: Einige Verantwortliche stehen inzwischen wegen Bestechlichkeit unter Anklage.

Geld allein reicht nicht zum Aufbau einer technologisch führenden Halbleiterindustrie. Dafür werden vor allem auch Fachkräfte benötigt, die auf der ganzen Welt und besonders in Taiwan rekrutiert werden. So zogen zwischen 2014 und 2019 mehr als 3.000 Halbleiterexperten – 7% der gesamten Beschäftigten der Branche auf der Insel – allein von Taiwan auf das chinesische Festland. In der Branche rechnet man mit mindestens zehn Jahren, bis in einem Land das komplette System – vom Chipdesign bis zur Fertigung in den verschiedensten Stufen – aufgebaut werden kann. Das gilt auch für Indiens Pläne, eine komplette eigene Chipindustrie aufzubauen.

US-Sputnik-Syndrom: »Chinas Wirtschaft zerstören«

US-Präsident Trump verbot die Belieferung der chinesischen Telekommunikationskonzerne Huawei und ZTE mit Chips und Software (z.B. dem Android-Betriebssystem), die mit US-Technologie entwickelt worden waren. ZTE schrammte knapp an der Pleite vorbei, der Huawei-Konzern musste seine Smartphone-Sparte und damit fast die Hälfte des Geschäfts aufgeben, weil er so schnell keinen Ersatz für die von der US-Firma Qualcomm entwickelten Chips und für das Android-Betriebssystem von Google fand. Aber die Versuche der USA, die Entwicklung der chinesischen Halbleiterindustrie zu behindern, waren bislang nicht sehr erfolgreich. Denn für viele internationale Unternehmen hat die Belieferung Chinas als größter Markt eine hohe Priorität. Ein Indiz dafür sind die Umsätze der Maschinenbauer, die die Chipfabriken ausrüsten. Nach Daten des US-Branchenverbands SEMI stiegen die Bestellungen aus China für Geräte zur Chipherstellung bei ausländischen Lieferanten im Jahr 2021 um 58%. China war damit das zweite Jahr in Folge der größte Markt für diese Maschinen.

Auch indirekt hat die US-Sanktionspolitik zu einer Blüte der chinesischen Chip-Industrie geführt. Das Ergebnis sei ein »beispielloses Aufblühen von chipbezogenen Unternehmen in China«, urteilte die Financial Times. Ende August 2022 meldeten kanadische Technologieanalysten, Chinas führender Chiphersteller SMIC sei wahrscheinlich schon in der Lage, Chips mit ultrafeinen Leiterbahnen von nur sieben Nanometern herzustellen. Die Spezialisten hatten einen von SMIC hergestellten Musterchip auseinandergenommen, der in einem spezialisierten Rechner für das Mining von Krypto-Währungen verbaut war. Das bedeutet zwar nicht, dass SMIC große Stückzahlen des 7-nm-Chips in hoher Qualität produzieren kann, aber mit Sicherheit einen bedeutenden Schritt in Richtung technologischer Unabhängigkeit.

China hat damit einen Durchbruch bei der weiteren Miniaturisierung zu verzeichnen. 7-nm-Chips zu produzieren war bislang nur TSMC und Samsung gelungen. Der Technologieexperte Dylan Patel bemerkte dazu: »Der chinesische SMIC-Konzern vermarktet als Auftragsfertiger eine Fertigungslinie mit kommerziell verfügbaren Chips, die technisch fortgeschrittener ist als amerikanische oder europäische Firmen.« (Financial Times, 21.8.2022) Bislang war die 12-nm-Technologie des Auftragsfertigers Globalfoundries die modernste in den USA und Europa eingesetzte Technologie.

Das Staatsunternehmen SMIC aus Shanghai ist der fünftgrößte Chipproduzent weltweit. US-Experten glaubten, mit der bislang in China verwendeten Lithografie-Technik, mit ultraviolettem Licht Muster auf die Siliziumscheiben zu projizieren, könnten keine ultrafeinen 7-nm-Chips produziert werden. Der Erfolg von SMIC stellt diese Annahme infrage. Damit spielt SMIC zwar noch nicht in der gleichen Liga wie TSMC oder Samsung, die modernste EUV-Lithografiemaschinen von ASML aus Holland nutzen und unter dem US-Sanktionsregime nicht nach China exportiert werden dürfen, weil in ihnen auch US-Technologie steckt. Deshalb setzt die Volksrepublik jetzt auch im Maschinenbau auf Eigenentwicklungen für die Halbleiterindustrie. Der Maschinenbauer SMEE betrieb die Herstellung einer ersten 28-nm-Belichtungsmaschine bereits 2022. Die Anlage kann auch für die Produktion von Chips mit feineren Strukturgrößen als 14 nm genutzt werden, und – wie SMIC demonstriert hat – auch für 7-nm-Chips, allerdings nicht in höchsten Stückzahlen.

Deshalb hat die US-Regierung bei den Sanktionen nachgelegt und pünktlich zum 20. Parteitag der KP Chinas im Oktober 2022 ihre bislang schärfste Waffe im Wirtschaftskrieg gezogen: Modernste Halbleiter mit Strukturgrößen von weniger als 18 nm dürfen ohne US-Lizenz nicht mehr nach China exportiert werden. Den Unternehmen ist es zudem untersagt, in China am Aufbau der Fertigungen und an der Produktion von ultrafeinen Chips mitzuwirken, sofern in den Lieferketten auch Bauteile und Software mit US-Herkunft eingesetzt werden. In der hochgradig international vernetzten Halbleiterindustrie ist es fast unmöglich, Lieferketten ohne in den USA entwickelte oder mit US-Maschinen und Software hergestellte Bestandteile zu finden. Zudem machen sich US-Staatsbürger strafbar, die sich in China an der Entwicklung und Fertigung von Halbleitern mit geringen Strukturgrößen beteiligen, denn die USA fürchten um ihren technologischen Vorsprung. Als im US-Senat der »America COMPETES[1] Act«, ein 52-Mrd.-US-Dollar-Programm zur Förderung der US-Halbleiterindustrie beraten wurde, verglich die Senatorin Cantwell von den Demokraten die Herausforderung durch die Fortschritte chinesischer Technologie mit dem Weltraumflug der Sowjets im Jahr 1957: »Ich glaube, dies ist ein Sputnik-Moment, wo den Amerikanern klar wird, dass wir bei der Innovation zurückfallen, und wir können es nicht riskieren, noch weiter zurückzufallen.«

Die am 7. Oktober 2022 von einer Unterabteilung des US-Handelsministeriums[2] verhängten »Exportkontrollen begrenzen die Fähigkeit der VR China, modernste Computerchips zu bekommen, Supercomputer zu entwickeln und zu warten oder selbst modernste Halbleiter zu produzieren. Die VR China nutzt diese Produkte und Fähigkeiten, um moderne Militärsysteme einschließlich Massenvernichtungswaffen zu produzieren; um die Ge-

---

[1] Steht für »Creating Opportunities to Meaningfully Promote Excellence in Technology, Education, and Science«.

[2] www.bis.doc.gov/index.php/documents/about-bis/newsroom/press-releases/3158-2022-10-07-bis-press-release-advanced-computing-and-semiconductor-manufacturing-controls-final/file&ved=2ahUKEwiLo_KFjuz6AhX8YPEDHYnxB0AQFnoECBAQAQ&usg=AOvVaw2hrSnzSQQ50NF8MIpaclgN.

schwindigkeit und Genauigkeit der militärischen Entscheidungen, Planung und Logistik und seiner autonomen Militärsysteme zu verbessern; und um Menschenrechtsverletzungen zu begehen [...] Wir tun alles in unserer Macht stehende, um unsere nationale Sicherheit zu schützen und um zu verhindern, dass sensitive Technologien mit militärischen Anwendungen vom chinesischen Militär, Geheimdiensten und Sicherheitsbehörden beschafft werden [...] Die VR China hat massive Ressourcen in die Entwicklung von Supercomputern gepumpt und will bis 2030 führend sein in künstlicher Intelligenz«.

Nach dieser Entscheidung unterliegen modernste Halbleiter einer Commerce Control List (CCL). Bauteile für Supercomputer oder für die Halbleiter-Entwicklung und die -produktion in China brauchen spezielle Genehmigungen. Nach dem etablierten Extraterritorialprinzip der US-Gesetzgebung beziehen sich die Exportkontrollen auch auf modernste Chips sowie auf Maschinen und Software zur Entwicklung und Produktion von Halbleitern aus anderen Ländern, sofern darin US-Wertschöpfung steckt. Entsprechende Lieferungen an chinesische Halbleiterunternehmen sind grundsätzlich untersagt, während Lieferungen an die zahlreichen Niederlassungen westlicher Multis in China von Fall zu Fall entschieden werden sollen. Die relevanten Größen sind: Logikchips mit Strukturgrößen von 16 oder 14 nm, DRAM-Speicherchips von 18 nm sowie Flash-Speicherchips mit 128 Schichten und mehr.

Gegenüber China als strategischem Wettbewerber einen größtmöglichen technologischen Vorsprung zu haben, reicht Vertretern der US-Regierung nicht mehr. Laut Gregory Allen, einem früheren Spezialisten des Pentagon für Künstliche Intelligenz, ist aus Sicht der US-Regierung die Beherrschung und Kontrolle der High-End-Chipfabrikation elementar für die Sicherheit der USA. Aktuell gehe es darum, Chinas technologische Fortschritte zu verlangsamen. Aber es sei ein »unausgesprochenes Ziel, dass wir in der Lage sind, Chinas Wirtschaft ggf. zu einem späteren Zeitpunkt zu zerstören, sollten wir dieses Werkzeug nutzen«. (Economist, 29.10.22) Die neuen US-Restriktionen zielen deshalb insbesondere auf hoch spezialisierte Chips für die Künstliche Intelligenz und speziell das sogenannte Maschinenlernen, zudem auf Chips für das autonome Fahren und die Data Center der Cloud-Anbieter (Caixin, 7.9.2022). Die US-Firma NVIDIA, weltweit führend bei Grafik-Chips, hat gleich reagiert und bietet jetzt eine Version ihres A100-Chips, der in der chinesischen Technologieindustrie sehr verbreitet ist, mit geringerer Performance an.

US-Präsident Biden setzt mit den Gesetzen zur Chipindustrie den von seinem Vorgänger begonnenen Wirtschaftskrieg auf dem Feld der Zukunftstechnologien fort. Die Begründung der Sanktionen gegen China ist die gleiche wie bisher – es geht immer um die nationale Sicherheit der USA. Biden geht geschickter vor und sucht Bündnispartner vor allem in Ostasien. Denn 2021 entfielen über 70% der globalen Halbleiterproduktion auf Ostasien.

Die USA haben nicht nur in den Technologie-Lieferketten zunehmend an Bedeutung gegenüber China verloren, sie können sich auch nicht mehr auf ihre Rechte auf geistiges Eigentum verlassen. Denn die Volksrepublik hat gelernt, das geistige Eigentum, das es in der chinesischen Tradition gar nicht gibt, auch für ihre Zwecke zu nutzen, und nimmt inzwischen bei Patentanmeldungen und im Normenwesen eine führende Stellung ein. Daher die Angst der USA, trotz aller Restriktionen und Sanktionen bei der Digitalisierung und der künstlichen Intelligenz weiter Terrain zu verlieren. Diese Angst steht auch hinter dem im Sommer 2022 von US-Präsident Biden unterzeichneten neuen »Chip and Science Act«. Mit dem Gesetz sollen die USA wieder zu einem Weltzentrum der Chip-Herstellung werden.[3] Mit insgesamt etwa 280 Mrd. US-Dollar sollen Unternehmen subventioniert werden, wenn sie in den USA modernste Chipfabriken bauen, die Leiterbahnen von unter 28 Nanometern ermöglichen. Die Fertigungsprozesse und die dafür nötigen Anlagen sind absolute Spitzentechnologie. Das neue Gesetz ist nicht nur der Versuch, jahrzehntelange Verlagerungsprozesse der Chipproduktion nach Ostasien umzukehren, sondern auch gegen China gerichtet: Denn Unternehmen, die US-Subventionen erhalten, dürfen zehn Jahre lang keine »bedeutenden Transaktionen« mehr mit China oder anderen Ländern, die »für die USA von Belang sind«, tätigen und dort nicht in fortschrittliche Chips investieren. Diese »Leitplanken«-Bestimmungen sowie die direkte Nennung Chinas verdeutlichen die strategische Besorgnis der USA.

Die USA haben TMSC als weltgrößten und technologisch führenden Produzenten von Halbleitern erfolgreich gedrängt, auch in den USA eine Fertigung aufzubauen, Biden persönlich kam zur Grundsteinlegung des Werkes in Arizona mit dem künftigen Hauptkunden Apple. Das ist auch eine Art Rückversicherung für TSMC, das seine Risiken diversifiziert, aber die wichtigsten und technologisch führenden Werke des Konzerns bleiben auf der Insel Taiwan. Dort wird gerade ein neues Werk mit der vierfachen Kapazität und noch besserer Technologie als in den USA gebaut (Economist, 21.1.2023).

Neben den geopolitischen Rahmenbedingungen – die Bedeutung des Technologiestandorts Taiwan für China ist ein starkes Argument gegen eine angeblich bevorstehende chinesische Invasion der Insel – mag das auch damit zu tun haben, dass es in den USA noch weniger benötigte Fachkräfte gibt als auf Taiwan. So frotzelte der Gründer und frühere Chef von TSMC, Morris Chang, über den Versuch, die Chipproduktion wieder in die USA zu holen: Wegen der Kosten und fehlender Engineering-Expertise in den USA

[3] China Radio International CRI, 3.8.2022.

sei das »eine nutzlose Übung« (Economist, 16.7.2022). Bei den weltweiten PISA-Vergleichstests im Jahr 2018 zum Beispiel lagen 15-jährige Schüler*innen aus den USA im Fach Mathematik um vier Jahre hinter gleichaltrigen chinesischen Schüler*innen zurück und um drei Jahre bei den Naturwissenschaften. Von den Forscher*innen in den USA auf dem Gebiet der künstlichen Intelligenz stammt ein Viertel aus China.

Aus chinesischer Sicht ist der US-Protektionismus in Sachen Chipindustrie von der Mentalität des Kalten Krieges geprägt. Das Gesetz laufe den Gesetzmäßigkeiten der industriellen Entwicklung zuwider. Gleichzeitig löse es nicht die Kernprobleme der Abwanderung der amerikanischen Industrie. Es gehe zudem von der arroganten Prämisse aus, ohne die Hilfe von US-Unternehmen und US-Technologien könnten China und andere Länder nie bei den Halbleitertechnologien aufholen.

USA machen Druck auf Verbündete

Im Kampf gegen Chinas Aufholjagd in der Halbleiter-Technologie suchen die USA Verbündete. US-Außenpolitiker sprechen davon, dass erstmals in den letzten 25 Jahren das Thema Chips ganz oben auf der diplomatischen Agenda steht. Dazu haben die USA im März 2022 eine strategische Allianz namens Chip 4 angestoßen, die Japan, Taiwan und Südkorea umfasst, also die wichtigsten Chipproduzenten in der Welt mit Ausnahme von China. Inhalt soll die gemeinsame Förderung neuester Technologien in der Chipin dustrie sein. Japan und Taiwan spielen mit, Südkorea zögert aber noch.[4] In Analogie zur OPEC sprechen US-Vertreter schon von einer »OSEC«, einer Organisation der Halbleiter-Exporteure. Außerdem wollen die USA eine Allianz mit Japan und den Niederlanden, wo die hoch spezialisierten Maschinenbauer für die Chipindustrie sitzen. Schließlich haben die USA und die EU seit 2021 den Trade and Technology Council TTC etabliert, bei dem es auch um die Halbleiterindustrie geht.

Allerdings ist zumindest Taiwan auf die Fertigungsstandorte in China angewiesen, weil nur dort die Gerätestückzahlen produziert werden können, die man benötigt, um den Halbleiterabsatz zu sichern. Südkorea soll sich entscheiden zwischen einer neuen US-geführten Chip-Lieferkette oder den gewachsenen Verflechtungen mit der Volksrepublik, die aktuell der bedeutendere Handelspartner ist, deshalb hält man sich mit einem Beitritt zur Chip-

---

[4] Christoph Jehle: Chip 4-Allianz ohne Südkorea?, in: Telepolis Wirtschaft, 13.8.22, https://heise.de/-7218882.

4-Allianz noch zurück. Bislang beruhte die Allianz zwischen Südkorea und den USA vor allem auf der Angst vor einem Angriff aus Nordkorea.

Vor dem Dilemma Südkoreas stehen auch die niederländische Regierung und der dort ansässige Maschinenbauer ASML, der u.a. mit dem Einsatz von Zeiss-Optik ultrafeinste Belichtungsmaschinen für die Wafer baut. Eine einzige Maschine der neuesten Generation kostet deutlich über 100 Mio. Euro. ASML ist Weltmarktführer in diesem Segment und hat in den vergangenen Jahren die japanischen Konkurrenten Nikon und Canon deutlich auf die Plätze verwiesen. Auch chinesische Chipproduzenten bestellen ihre Anlagen in den Niederlanden. Normalerweise genehmigt die niederländische Regierung solche Lieferungen umgehend. Aber für das derzeitige Spitzenmodell, einen Scanner mit der sogenannten EUV-Technologie, wartet ASML schon seit Jahren auf die Exportgenehmigung an SMIC.

Denn die Vereinigten Staaten haben interveniert und wollen verhindern, dass China Chips mit ultrafeinen Leiterbahnen von 7 nm und weniger in großen Stückzahlen produzieren kann. Bei einem Besuch von US-Vizehandelsminister Don Graves in den Niederlanden Ende Mai 2022 gab es laut Bloomberg Gespräche über weitere Beschränkungen. Neben ASML baut auch Nikon in Japan Scanner, deren Export nach China ebenfalls unterbunden werden soll.

Da in den Maschinen der neuesten Generation von ASML auch in den USA entwickelte Technik zum Einsatz kommt, sehen diese sich berechtigt, gegen die Exporte vorzugehen. Inzwischen verlangen die USA, dass ASML auch keine Scanner älterer Generationen mehr nach China liefert, die noch mit der Distant Ultra Violett (DUV) Immersionslithografie arbeiten. Wenn es dem chinesischen SMIC-Konzern gelingt, die Chip-Massenproduktion von 14 nm auf 7 nm umzustellen, wäre das ein deutlicher Fortschritt. Die dafür nötigen DUV-Scanner hatte ASML schon geliefert, was die US-Regierung 2021 scharf kritisierte. Für das Ziel einer chinesischen Autarkie bei der Fertigung moderner Halbleiter reichen die bislang erworbenen Scanner jedoch nicht aus, das Produktionsvolumen bliebe beschränkt.

Anfang 2023 hat sich ASML dem Druck der USA gebeugt. Die niederländische Regierung sanktioniert den Export modernster ASML-Maschinen nach China. Für die japanischen Maschinenbauer gibt es ebenfalls eine Einigung zwischen den USA und der japanischen Regierung, im Gegenzug gibt es möglicherweise eine Bevorzugung japanischer Maschinenbauer bei dem Ausbau der Chipfertigung in den USA und Europa. Aber da inzwischen etwa 50% der weltweit produzierten Chips in China verbraucht werden, bleibt das Land ein wichtiger Kunde. Ein Verzicht auf diesen Markt könnte für ASML schmerzlich werden, wenn das Wachstum in den Industrieländern ins Stocken gerät.

Jon Bateman, ein Technologiespezialist bei der Carnegie-Stiftung in Washington, kritisiert in der Zeitschrift Foreign Affairs, dem führenden Forum der US-Außenpolitik, dass US-Präsident Biden eine schnelle Abkopplung um jeden Preis will.[5] Seine Bewertung der 2022 gegen China verhängten neuen Sanktionen ist desaströs, was die langfristigen Interessen der USA und ihrer Verbündeten angeht, weshalb ich sie im Folgenden ausführlicher zitiere:

»Schon seit mindestens vier Jahren führt die USA gegen China einen begrenzten Wirtschaftskrieg. Will die USA damit Änderungen in Pekings Verhalten erzwingen oder will die USA das chinesische System insgesamt herausfordern? Will sie fundamentale Sicherheitsinteressen schützen oder mit allen Mitteln ihre Hegemonie behalten? [...] Obwohl die aktuellen Maßnahmen mit dem Schutz der nationalen Sicherheit begründet werden, wird in erster Linie Chinas Wirtschaft getroffen – in einem Ausmaß, das weit über die von Washington angeführten militärischen und geheimdienstlichen Besorgnisse hinaus geht. Die US-Regierung hat die neuen Sanktionen nach nur begrenzten Konsultationen mit den Partnern und Unternehmen verhängt. Der US-Regierung ist es weit wichtiger, China zu stoppen, als etwaige Besorgnisse über die diplomatischen und wirtschaftlichen Auswirkungen. Kurz: Amerikas ›Restriktionisten‹ – Nullsummen-Denker, die unbedingt die technologische Abkopplung beschleunigen wollen – haben die Strategiedebatte in der Biden-Administration gewonnen. Chinas technologischer Aufstieg soll um jeden Preis gestoppt werden [...]

Die früheren Sanktionen waren zu ihrer Zeit provokativ, aber reflektierten zumindest ein Gefühl für Augenmaß. Doch die neuen Exportkontrollen sind anders. Effektiv bringen sie ganz China unter ein Sanktionsregime, das früher nur für Huawei reserviert war. Moderne Halbleiter von überall aus der Welt dürfen nicht mehr an chinesische Firmen geliefert werden, auch wenn diese keine direkten Beziehungen zu Chinas Militär oder Geheimdiensten haben [...] Die US-Behörden fokussieren bewusst auf mögliche Bedrohungen. Sie haben unverhältnismäßige Maßnahmen verhängt, sie spielen mögliche Komplikationen herunter und zwingen andere, sich konform zu verhalten. Diese Denke ist alles andere als eine Garantie dafür, dass die Strategie der Abkopplung breite Unterstützung findet. Sogar US-Kapitalflüsse nach China, für die sich Trump noch sehr engagiert hatte, stehen nun unter dem Druck der US-Bundesbehörden [...]

Die zunehmende Unverfrorenheit der einseitigen US-Sanktionen und Washingtons offene Verfolgung einer Strategie, China einzudämmen, wird zu Reaktionen von vielen Seiten führen [...] Die neuen Sanktionen demonstrie-

---

5 Jon Bateman: Biden Is Now All-In on Taking Out China, unter: https://foreignpolicy.com/2022/10/12/biden-china-semiconductor-chips-exports-decouple/.

ren den Maximalismus der US-Kampagne gegen chinesische Technologie. Sie werden die Debatten in den Hauptstädten der Verbündeten zuspitzen, ob sich die Ziele der USA mit den eigenen politischen und wirtschaftlichen Interessen decken. Das einseitige Muskelspiel mit den neuen Exportkontrollen lässt an der Bereitschaft der USA zweifeln, unterschiedliche Interessen zu akzeptieren [...]

Auch China wird reagieren. Eine symmetrische Gegenreaktion wie der Stopp von US-Importen von kritischen Mineralien oder Strafmaßnahmen gegen führende US-Konzerne wie Microsoft, Apple oder Tesla ist unwahrscheinlich. Dabei würde China viel verlieren [...] Aber China könnte mit Repressalien gegen US-Alliierte und -Partner wie Südkorea, Japan oder Taiwan antworten, die die US-Exportkontrollen umsetzen müssen. Denn China hat gegen diese Länder mehr Druckmittel und möchte einen Keil in die amerikanische Wirtschaftskoalition treiben [...] Für Xi Jinping ist Amerikas Politik, Chinas Aufstieg zu stoppen, keine Überraschung. Aber sie wird ihm sicher helfen, das Narrativ, dass der Hegemon USA die weitere Entwicklung Chinas verhindern will, zu verbreiten. Viele Länder sind für diese Argumentation empfänglich, wie die lauwarme Antwort des Globalen Südens auf die US-geführten Sanktionen gegen Russland gezeigt hat. China kann die neuen Exportkontrollen auch als Versuch darstellen, den Fortschritt bei den gemeinsamen globalen Herausforderungen zu verhindern. Es könnte darauf hinweisen, dass chinesische Forscher Supercomputer brauchen etwa für die Entwicklung von Impfstoffen und die Klimaforschung [...]

Privatunternehmen werden auf die mit den neuen Sanktionen ausgesendeten Signale erhöhter geopolitischer Risiken reagieren. Denn Washington hat damit die eindeutige Absicht demonstriert, Chinas technologische Fortschritte zu stoppen und dafür auch wachsende Kosten zu tragen. Unternehmen und Investoren werden realisieren, dass der Prozess der Abkopplung von China noch lange nicht seinen Endpunkt erreicht hat [...]

Weder Biden noch ein anderer führender US-Politiker hat jemals ernsthaft versucht, die Amerikaner über die Kosten und Risiken der Abkopplung zu informieren. Die öffentlichen Diskussionen und die politischen Kräfte sind eindeutig für die ›Restriktionisten‹. Die Republikaner haben ›China-Bashing‹ zu ihren Markenzeichen gemacht. Nur wenige Demokraten sind interessiert, ihre Prämissen zu hinterfragen oder auf mögliche Nebenwirkungen hinzuweisen. Viele Manager denken anders, aber sie haben Einfluss verloren, und sie wissen es [...] Die von den USA angeführte technologische Abkopplung von China hat innerhalb weniger Jahre zu enormen Konsequenzen geführt. Sie hat internationale Beziehungen umgepolt, die globale Wirtschaftsordnung erschüttert und die Technologiepolitik in vielen Ländern transformiert. In diesem Spiel mit hohem Einsatz sind die USA zugleich Spieler als auch der

Kartengeber, der seine eigenen Züge macht und die Spielzüge der anderen begrenzt. Jetzt gehen die USA aufs Ganze mit einer Wette wie nie zuvor. Sie haben ihre Karten für alle sichtbar auf dem Tisch gelegt. Das amerikanische Endspiel: Chinas weiteren Aufstieg zu einem entwickelten Wirtschaftspartner auf Augenhöhe verhindern, auch um den Preis eines erheblichen Risikos für die Interessen der USA und ihrer Verbündeten.«

Geht der US-Protektionismus nach hinten los?

Die Wertschöpfungsketten der Halbleiterindustrie von der Wafer-Herstellung über das Chipdesign bis zur Herstellung der Anlagen und der eigentlichen Chipfertigung sind weltweit vernetzt. Deswegen ist es fraglich, ob eine Entkopplung überhaupt möglich ist. Pikanterweise haben sich die Rollen vertauscht: China pocht auf Offenheit, freien Welthandel und friedlichen Wettbewerb der Systeme, während der Westen zunehmend populistisch, nationalistisch und protektionistisch agiert. Cai Fang, Senior Fellow und Vizepräsident der Chinesischen Akademie der Sozialwissenschaften (CASS), äußerte sich so dazu: »China sollte seine wirtschaftliche Größe und potenzielle Verbraucherstärke innerhalb der Weltwirtschaft nutzen und die Initiative ergreifen, um eine treibende Kraft einer neuen Runde der Globalisierung zu werden.«[6]

Die USA wollen wieder mehr Halbleiterfertigung im eigenen Land haben. Sie hoffen, damit auch die Zukunft von Intel sichern zu können – damit der ehemals bedeutendste Chiplieferant nicht wie der einst führende US-Computerhersteller IBM endet. Durch die neuen US-Sanktionen steht die global hoch integrierte Halbleiterindustrie an einem Scheideweg mit dem möglichen Szenario, dass es künftig statt der globalen Lieferketten zwei konkurrierende Lieferketten gibt, eine »blaue«, geführt von den USA und eine von China geführte »rote« Lieferkette. Nach Berechnungen von Boston Consulting und von SEMI, des Branchenverbandes der Maschinenbauer für die Chipindustrie, würden durch die Aufspaltung in zwei konkurrierende Lieferketten die Kosten für Halbleiter zwischen 35% und 65% steigen. Die US-Halbleiterindustrie beklagt zudem, dass die USA dabei in fünf bis zehn Jahren ihren technologischen Vorsprung endgültig verlieren würden, weil ein Großteil der Profite und damit des Kapitals für die nötigen Investitionen aus den Umsätzen in China kommt. Ohne Profite aus dem China-Geschäft könnten die US-Halbleiterhersteller ihre künftigen Entwicklungen nicht finanzieren und ihren Vorsprung dauerhaft verlieren.

---

[6] https://heise.de/-7264758.

Das Hauptgeschäft in der globalen Chipindustrie wird nicht mit modernsten Chips mit ultrafeinen Strukturen gemacht. Nach einem Report von 2020 von Boston Consulting zusammen mit dem Branchenverband SIA hatten Halbleiter mit Strukturen von unter 10 nm nur 2% Marktanteil. Die Masse des Geschäfts wird mit Halbleitern gemacht, für die China längst die entsprechenden Technologien hat oder mit seinen Investitionen, inklusive DUV-Belichtungsmaschinen, aufholen kann. Dem Bericht zufolge wäre es smarter für den Westen, nur Militärtechnologien zu sanktionieren.

Aber die Allparteien-Koalition in den USA gegen China bevorzugt den Zuckerbrot-und-Peitsche-Ansatz: Zuckerbrot für Chipfertigungen in den USA, die Peitsche für jedes Unternehmen, das in China produziert oder Technologien dorthin liefert. Eine Schwäche der US-Strategie ist zudem der Irrglaube, die USA könnten den Wirtschaftskrieg nur auf die Sektoren beschränken, wo sie (noch) einen technologischen Vorsprung haben. Das eröffnet für China die Möglichkeit asymmetrischer Antworten, z.B. bei den globalen Lieferketten für Seltene Erden oder der Solarindustrie.

Die Rivalität zwischen den USA und China spielt sich heute auf dem Gebiet der Zukunftstechnologien ab. Mit den umfangreichsten US-Exportkontrollen der letzten Jahrzehnte geht die Biden-Administration viel weiter als die unter Trump. Mit einem Würgegriff sollen Chinas Ambitionen speziell im High-End-Computing und bei der künstlichen Intelligenz gestoppt werden. So musste im Dezember 2022 die auf Chip-Designs spezialisierte britische Firma ARM die Belieferung des chinesischen Alibaba-Konzerns mit Lizenzen und Entwürfen stoppen, weil sie keine Ausfuhrgenehmigung von den US-Behörden bekam. Manager der Halbleiterindustrie beklagen zudem, die Entscheidung würde nur Pekings Entschlossenheit steigern, die modernsten Chips selbst zu entwickeln. Der Nationale Sicherheitsberater Jake Sullivan erklärte, der bisherige marktwirtschaftliche Ansatz, der Konkurrenz immer ein paar Generationen voraus zu sein, funktioniere nicht mehr und sei gescheitert. »Angesichts der fundamentalen Natur mancher Technologien etwa bei Logik- und Speicherchips brauchen wir einen größtmöglichen Vorsprung.« (New York Times, 7.10.2022) »Wir wollen Chinas Chip-Design-Industrie ganz aus dem Geschäft drängen«, erklärte ein früherer Beamter des Pentagon.

Chip-Nationalismus: Macht die Aufholjagd Sinn?

Der offenkundige Chipmangel der letzten Jahre sowie Digitalisierung, Energiewende, E-Antriebe und autonomes Fahren haben einen weltweiten Investitionsboom im Halbleitersektor ausgelöst. Die drohende Gefahr, dass es durch die massiven US-Sanktionen gegen Chinas Chip-Ambitionen künftig sogar zwei Halbleiter-Lieferketten geben wird, hat diesen Investitionsboom noch verstärkt. Moderne Halbleiterfertigung ist wahrscheinlich der komplexeste industrielle Prozess insgesamt. Entsprechend attraktiv ist es für Regierungen, solche Werke im Land zu haben. US-Präsident Biden hat mehrere 100 Mrd. US-Dollar Steuermittel ausgelobt für die Renaissance der Chipfertigung in den USA. Die Subventionen der US-Regierung für die Chipindustrie sind eindeutig protektionistisch, ausgeschlossen sind Unternehmen, die modernste Chips nach China liefern oder sich am Aufbau moderner Chipfertigungen dort beteiligen.

Glänzende Zeiten also für die Maschinenbauer anderer Länder. Der Vorstandschef des niederländischen Produzenten von Belichtungsmaschinen für die Chipfabriken ASML erklärte: »Nach unserem Forecast werden sich die Umsätze in der Halbleiterindustrie in der kommenden Dekade lässig verdoppeln, sodass wir von einem Billionen-Dollar-Geschäft sprechen. Es wäre töricht, dieses Geschäft nur an drei Plätzen auf der Erde zu konzentrieren – nämlich in Taiwan, Korea und China.« (Financial Times, 22.7.21) Die USA und die EU seien angesichts des »vernachlässigten Zustands« ihrer Halbleiterindustrie endlich wach geworden.

Auch Indien, demnächst wahrscheinlich das bevölkerungsreichste Land der Erde, will nicht zurückstehen und hat umgerechnet 10 Mrd. US-Dollar für den Aufbau einer eigenen Chipfertigung ausgelobt. Es gibt allerdings Stimmen, die den Sinn einer Konzentration auf die Halbleiterfertigung bezweifeln. Investitionen in die Ausbildung von Chipentwicklern seien sinnvoller. Anstatt wenige Tausend Arbeitsplätze in hochmodernen Fabs zu schaffen, könnten Zehntausende Ingenieure ausgebildet werden.[7] Denn die kompletten Wertschöpfungsketten der Halbleiterfertigung auch in einem so großen Land wie Indien zu nationalisieren oder in einem kleinen Kontinent wie Europa anzusiedeln und damit Ostasiens Aufstieg im Chipsektor quasi zu wiederholen, ist immens teuer und wahrscheinlich unmöglich. Die hochmodernen Chipwerke sind lediglich ein Teil, wenn auch der mit der meisten Aufmerksamkeit. Vielmehr geht es darum, eine attraktive Nische im komplexen Ökosystem der Halbleiterindustrie zu finden. Das gilt auch für Europa.

Europa hat einen globalen Marktanteil bei der Chipfertigung von weit weniger als 10% (siehe die Abbildung auf der folgenden Seite) und hat kaum Fertigungen für Chips mit einer Strukturgröße von kleiner als 22 nm. Eine Ausnahme ist das Intel-Werk in Irland mit Strukturen von 14 nm, künftig sollen dort auch Chips mit 7 nm-Strukturen gefertigt werden. Unter den zehn größten Halbleiterproduzenten der Welt ist kein einziger aus Europa. Aber

[7] www.golem.de/news/halbleiterfertigung-indien-investiert-10-mrd-us-dollar-in-chip-fabs-2205-165267.html (letzter Abruf 23.3.2023).

Abb. 3: Anteil Weltregionen an der Chipherstellung 2021 in %

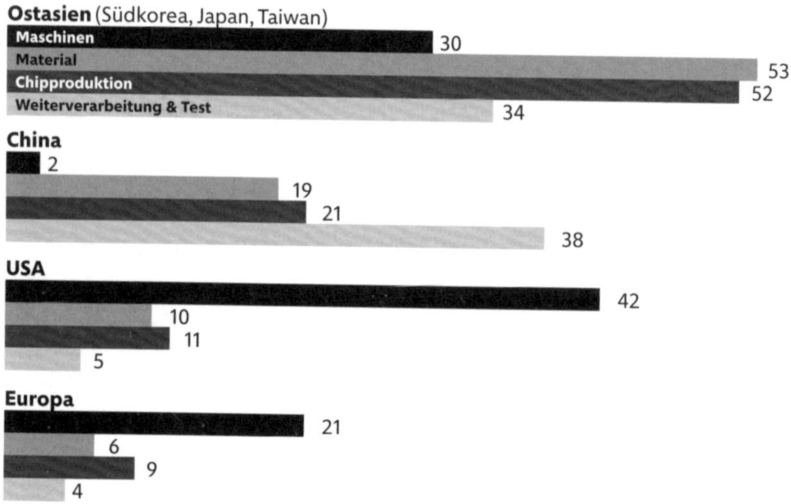

Quelle: Handelsblatt

nach dem Willen der EU-Kommission soll Europa zu einem der weltgrößten Produzenten werden. Der Anteil an der weltweiten Halbleiterproduktion soll sich bis 2030 mehr als verdoppeln – auf 20%. Dafür müsste sich die Fertigungskapazität in Europa sogar vervierfachen.

Nach Jahrzehnten neoliberaler Laissez-Faire-Wirtschaftspolitik nach dem Motto: »Der Markt wirds schon richten« und der Abwanderung ganzer Industriezweige nach Ostasien (z.B. Pharma, Computer, Kameras, Halbleiter) ist in der EU plötzlich Industriepolitik angesagt. Mit ihrer Chip-Offensive will die EU in der geopolitischen Konkurrenz den Rückstand Europas auf andere Weltregionen aufholen und Abhängigkeiten von einzelnen asiatischen Lieferanten wie dem Auftragsfertiger TSMC reduzieren. Dafür sollen allein 43 Mrd. Euro an staatlichen und privaten Mitteln mobilisiert werden. Zwei Drittel der EU-Mittel sollen für modernste Chipfabriken für ultrafeine Strukturen mit Kosten zwischen 10 und 20 Mrd. Euro verwandt werden. Nur Intel, TSMC und Samsung können diese Werke bauen und betreiben. Intel wird in Magdeburg nur dann eine neue Fertigung bauen, wenn die EU 40% der Kosten trägt. Denn laut Intel beträgt der Kostennachteil gegenüber Standorten in Asien 30% bis 40%. Dafür will Brüssel die Beihilferegeln freizügiger auslegen.

Der Rest der EU-Mittel ist für andere Werke zur Chipfabrikation vorgesehen. EU-Offizielle argumentieren, die europäischen Hersteller hätten jahrelang zu wenig investiert. Es sei ein geostrategischer Imperativ, die globale

Chip-Supply-Chain neu zu justieren. Künftig werde es zudem einen Riesenmarkt für 2 nm-Chips u. a. für selbstfahrende Autos geben. Man müsse die »Fabs«, die neuen Werke, jetzt bauen.

Die EU-Kommission habe zwar grundsätzlich das richtige Ziel vorgegeben, sagen die Industrieverbände. Sie soll aber die Fördermittel schnell freigeben sowie Planungs- und Genehmigungsprozesse beschleunigen, so der BDI und seine französischen Partner. »Es braucht dringend eine gemeinsame europäische Kraftanstrengung, um die Halbleiterindustrie am Standort Europa zu stärken«, forderte der Präsident des Bundesverbands der Deutschen Industrie (Handelsblatt, 25.5.2022). »Durch den akuten Chipmangel hat die deutsche Wirtschaft im vergangenen Jahr einen Umsatzverlust von 1,6 des deutschen Bruttoinlandsprodukts verkraften müssen.« Das würde mehr als 50% Mrd. Euro entsprechen. Besserung sei nicht in Sicht: »Mit der digitalen und ökologischen Transformation wird der weltweite Bedarf an Halbleitern weiter massiv steigen.«

Aber nicht alle Experten aus der Halbleiterindustrie sind von Europas Ambitionen überzeugt. Sie stellen speziell das Ziel infrage, auch in Europa Chips mit 2 nm-Strukturen zu produzieren. Die EU-Kommission habe nichts gelernt vom Scheitern ihrer Initiative von 2013. Schon damals wollte die EU den Marktanteil Europas in der Chipproduktion steigern. Europas Hersteller speziell in der Autoindustrie brauchen nicht so viele High-End-Chips, warnte ein Vertreter des Auftragsfertigers GlobalFoundries aus Dresden. »90% von Europas Chipbedarf bis zum Ende der Dekade liegt bei Strukturgrößen über 10 nm […] Der ausschließliche Fokus auf Nanometer ist eine fundamentale Schwäche der Strategie der EU-Kommission.« Hinzu kommt: Die globale Elektronikindustrie, z.B. die Smartphone- oder die PC-Fertigung, ist der wichtigste Abnehmer für Chips mit ultrafeinen Strukturen. Diese Industrie ist aber in Ostasien konzentriert.

Außerdem sei der Fokus auf die Chipfertigung falsch. Chipdesign ist der Produktionsteil mit der höchsten Wertschöpfung. Hauptsächlich US- und taiwanesische Firmen entwickeln und produzieren Chipsets für künstliche Intelligenz, Quanten-Computing oder autonomes Fahren. Es gibt aus Europa kein System-on-a-Chip für Smartphones, keinen Grafikprozessor oder keine speziellen Prozessoren für Data Center, keinen Prozessor (GPU) für verschiedenste Anwendungen. »Bevor wir uns fragen, wo sie produziert werden, sollten wir fragen, wer sie entwickelt. Definitiv nicht Europa! Warum Milliarden für Kontraktfertigung ausgeben, der Bereich mit den höchsten Eintrittsbarrieren, den höchsten Subsidien und der geringsten Erfolgswahrscheinlichkeit?«

Der ZVEI als Verband der Elektro- und Elektronikindustrie warnt ebenfalls, dass der Chips Act am Bedarf der europäischen Kund*innen vorbeigeht. »Europa muss seine Kompetenz in allen Strukturgrößen stärken«, sagt der Geschäftsführer. »So sind auch Leistungselektronik und Sensorik entscheidend für das Gelingen der grünen und digitalen Transformation.« Auf diesen Feldern sind die europäischen Chipfirmen führend. Konzerne wie Bosch, Infineon, NXP und STMicroelectronics produzieren dabei zwar moderne Chips, aber nicht mit den teuersten und aufwendigsten Verfahren, wie es Intel plant. Europas Marktführer liefern stattdessen solche für die Automobil- und Luftfahrtindustrie, den Maschinenbau und die Industrieautomatisierung. Auch diese Fabriken müssten gefördert werden. Das erklärten auch die Wirtschaftsminister von Bayern und Baden-Württemberg: »Wir dürfen uns nicht nur auf Höchstleistungschips mit kleinsten Strukturgrößen fokussieren.«

Was will die EU mit den Investitionen wirklich erreichen? Wettbewerbsfähigkeit oder Resilienz der Lieferketten oder technologische Souveränität und nationale Sicherheit? Dahinter steht die Frage, wo sich Europa bzw. die EU als Staatenbund im komplexen System der Halbleiterfertigung positioniert und wo die wichtigsten Absatzmärkte für europäische Chips liegen. Welche Fertigungsschritte sind so wichtig, dass sie in Europa sein sollten? Denn auch mit den geplanten Milliardensubventionen wird Europa nicht unabhängig. Nach der Fertigung werden die Waferscheiben auch in Zukunft zum sogenannten Packaging, dem Ausschneiden der Chips aus den Wafern, ihrer Ummantelung inklusive der Anschlüsse und dem anschließenden Testen, meist nach Südostasien transportiert. Diese Fertigungsschritte sind wegen der niedrigen Lohnkosten dort konzentriert, trotz eines geplanten Werks in Italien.

Außerdem ist bereits absehbar, dass die Komplexität der Halbleiterbranche weiter zunimmt. Das verschlechtert gleichzeitig die Aussicht, als Land oder Region vom Rest der Welt unabhängig zu werden. Ohne Zusammenarbeit hätte die Halbleiterbranche nicht ihren heutigen Stand erreicht. Nur mit internationaler Kooperation wird sie sich weiterentwickeln.

Der akute Chipmangel der letzten Jahre schien den bis ca. 2010 geltenden Zyklus der Branche – Jahre mit hoher Nachfrage und hohen Preisen, dann Investitionen in neue Fertigungen, schließlich riesige Überkapazitäten und Preisverfall – zeitweilig außer Kraft gesetzt zu haben. Aber die Krisenzeichen mehren sich. Bei Chips für die Autoindustrie gibt es schon große Lagerbestände, weil die Kunden zu ihrer Absicherung in den letzten Jahren mehrfach geordert hatten. Nach einer Untersuchung von Morgan Stanley praktizieren die meisten Chipkäufer, also die Kunden aus der Industrie, Double-ordering (Economist, 29.1.2022). Zudem wurden 2020 und 2021 weltweit 34 neue Chipfabriken eröffnet, weitere 58 Werke sollen zwischen 2022 und 2024 entstehen. Das würde die globalen Kapazitäten um 40% erhöhen.

Kapitel 3
Kriegsgrund Taiwan?

Von Freunden werde ich immer wieder gefragt, ob China demnächst einen Krieg gegen Taiwan beginnen wird. Meine Antwort ist im Kern immer die gleiche: Um Taiwan ging es regelmäßig bei offiziellen Anlässen, etwa am 1. Oktober, dem Nationalfeiertag, oder bei Kongressen der KP Chinas. Dabei wurde schon früh in den politischen Verlautbarungen immer die gleiche ritualisierte Botschaft wiederholt: Die Insel Taiwan ist ein unveräußerlicher Teil Chinas, ihre Einwohner*innern sind unsere Blutsbrüder und -schwestern, irgendwann gibt es eine Wiedervereinigung. Die Volksrepublik behält sich das Recht vor, diese Wiedervereinigung eventuell militärisch durchzusetzen. Wenn hochrangige US-Politiker und Militärs Taiwan besuchten, gab es das Ritual militärischer Übungen, die Chinas Entschlossenheit demonstrieren sollten. Die direkt vor der Küste des chinesischen Festlands gelegene, von Taiwan kontrollierte kleine Insel Kinmen wurde regelmäßig mit Artillerie beschossen.

Die im Westen und auch von den Medien in Deutschland verbreiteten Behauptungen, China gehe inzwischen gegenüber Taiwan zunehmend aggressiv vor, sind also falsch. Die Position in der sogenannten Taiwan-Frage ist seit 1949 unverändert, als Mao Zedong nach dem erfolgreichen Bürgerkrieg der Kommunisten in der Hauptstadt Peking die Volksrepublik China ausrief. Die geschlagenen Nationalisten der Kuomintang-Partei zogen sich zusammen mit ihren US-Militärberatern und Teilen der chinesischen Oberschicht auf die Insel Taiwan zurück, riefen dort die Republik China aus.

Seit Ausrufung der Volksrepublik hat China immer am Ziel der Wiedervereinigung festgehalten, spiegelbildlich dazu die Position auf Taiwan. Staatsziel der Republik China war ebenfalls die Wiedervereinigung mit dem Festland, auch nach dem Ende der Militärdiktatur Chiang Kai-Scheks im Jahr 1987. Das ist bis heute so.

Die heute von der Demokratischen Fortschrittspartei DPP gestellte taiwanesische Regierung ist zwar für die Souveränität Taiwans, hängt das Thema aber tief und vermeidet bislang eine offizielle Unabhängigkeitserklärung. Anfang November 2022 verlor die in den Umfragen hoch favorisierte DPP krachend die Wahlen zum Bürgermeister von Taipeh. Der Urenkel von Chiang Kai-Chek von der Guomintang-Partei machte das Rennen. Die taiwanesische Präsidentin Tsai von der DPP übernahm die Verantwortung und trat vom Parteivorsitz zurück. Es ist zu hoffen, dass diese Signale auch im Außenministerium in Berlin angekommen sind, den Annalena Baerbock hatte sich im Sommer 2022 deutlich für Taiwans Unabhängigkeit ausgesprochen, obwohl sich Deutschland seit der Aufnahme diplomatischer Beziehungen mit der Volksrepublik im Jahr 1972 offiziell zu der Ein-China-Politik bekennt.

Innenpolitisch hat der demonstrative Besuch von Nancy Pelosi wenige Monate vorher die Strömungen für Taiwans Unabhängigkeit nicht gestärkt, ganz im Gegenteil: Die meisten der 24 Millionen Einwohner der Insel Taiwan wollen den jetzigen Status quo in der völkerrechtlichen Stellung beibehalten. Diese Stimmung in der Bevölkerung hat sich auch nach Chinas Militärübungen rund um Taiwan als Antwort auf den Besuch Pelosis im August 2022 nicht geändert. Denn wirtschaftlich sind die Taiwanesen mit der engen Verflechtung mit China bislang gut gefahren. 44% der taiwanesischen Exporte gehen heute in die Volksrepublik, und 22% der Importe Taiwans kommen vom Festland.

Relikt aus dem chinesischen Bürgerkrieg

Die Taiwan-Frage ist ein Relikt aus dem chinesischen Bürgerkrieg, der formell immer noch nicht zu Ende ist. Seitdem ist das Thema in der Schwebe, so der US-Diplomat Chas Freeman.[1] Er war Übersetzer bei den ersten offiziellen Verhandlungen im Jahr 1972, die es zwischen der Volksrepublik und den USA gab. Damals reiste mit Präsident Nixon erstmals ein amerikanisches Staatsoberhaupt nach Peking, um Gespräche über die Aufnahme offizieller Beziehungen zwischen beiden Ländern vorzubereiten. Aus US-Sicht war es das nüchterne Kalkül, mit dem Kurswechsel in ihrer Politik einen Keil zwischen China und die Sowjetunion zu treiben, dem damaligen Hauptfeind der USA und des Westens. Zudem waren die USA gerade dabei, den Vietnam-Krieg endgültig zu verlieren.

Taiwan war und ist bis heute ein wichtiges Glied in der Kette von US-Militärstützpunkten in Ostasien, die die Einkreisung Chinas und im Konfliktfall die Blockade der Seewege ermöglichen. Über 20 Jahre lang hatten die USA Taiwan zu ihrem »Flugzeugträger« direkt vor der Küste der VR China ausgebaut. Aber die Neujustierung der US-Politik in den 1970er-Jahren erforderte auch eine Abstimmung mit China über den weiteren Umgang mit Taiwan.

Zwar hatte US-Präsident Truman 1950 erklärt – wenige Monate nach dem Sieg der Kommunisten im chinesischen Bürgerkrieg und dem Rückzug der von den USA unterstützten Nationalisten nach Taiwan –, die USA würden Chinas besiegten Nationalisten militärisch nicht zur Hilfe kommen. Im gleichen Jahr begann der Korea-Krieg und damit der Feldzug der USA gegen

---

[1] Interpreting History. Nixon´s translator talks Sino-US tensions and Taiwan invasion prospects, in: Week in China, 17.6.2022, weekinchina.com/download/589/

die Ausbreitung des Kommunismus in Asien, der schließlich 1975 mit der US-Niederlage im Vietnam-Krieg endete.

Noch im Sommer 1950 änderte Truman die gerade verkündete Taiwanpolitik und schickte Amerikas Siebte Flotte zur Kontrolle der Taiwan-Straße, dem wichtigen Meeresweg zwischen dem Festland und der Insel. Amerika werde Taiwan verteidigen, aber im Gegenzug müsse die nationalistische Regierung um Chiang Kai-Shek alle militärischen Luft- und Seeoperationen gegen China einstellen. »Die Siebte Flotte sorgt dafür, dass das so passiert«, erklärte Truman. Als 1954, vier Jahre später, die chinesische Volksbefreiungsarmee einige kleine, vor dem Festland gelegene, aber zu Taiwan gehörende Inseln mit Artillerie angriff, drohten die Amerikaner mit Atomschlägen. In der Rückschau war das der erste Showdown zwischen China und den USA. Dasselbe Spiel wiederholte sich 1958: China feuerte erneut auf diese Inseln, aber seine militärisch weit unterlegene Armee wäre damals nicht in der Lage gewesen, eine Invasion Taiwans zu beginnen. Die militärischen Fingerübungen sollten gegenüber den USA und der von ihnen abhängigen Militärdiktatur auf Taiwan eher die Entschlossenheit demonstrieren, dass das ungelöste Thema der Wiedervereinigung weiter auf der Tagesordnung stand.

So ist es bis heute, auch wenn sich die Kräfteverhältnisse deutlich verschoben haben. In ihren Planspielen simulieren die US-Militärs regelmäßig auch eine militärische Auseinandersetzung um Taiwan, die letzten kamen zu dem Ergebnis, dass Chinas Armee inzwischen in der Lage ist, erfolgreich eine Blockade gegen Taiwan zu verhängen.

Bis 1972 war die Regierung der Republik China in den damals von den USA dominierten internationalen Institutionen und von den meisten Ländern als die einzige Vertretung Chinas anerkannt. Die VR China war in der Welt ein Paria, was sich erst schrittweise mit der Entkolonialisierung in Afrika und Asien und mit der von China unterstützten Blockfreien-Bewegung änderte. Im Konflikt zwischen Peking und Taiwan stellten sich die früheren Kolonien mehrheitlich auf die Seite der Volksrepublik. 1971 beschloss die UN-Generalversammlung mit großer Mehrheit in einer Resolution, dass »die Vertreter der Regierung der Volksrepublik China […] die einzigen rechtmäßigen Vertreter Chinas bei den Vereinten Nationen« seien. Die Volksrepublik solle »alle Rechte« bekommen und damit auch die Mitgliedschaft im US-Sicherheitsrat. »Die Vertreter von Chiang Kai-Shek« würden »unverzüglich von dem Platz entfernt, den sie unrechtmäßig bei den Vereinten Nationen und in all den Organisationen innehaben, die zu ihnen in Beziehung stehen«.[2]

---

[2] Zitiert nach Jörg Kronauer: War Games. Der Gegner heißt China. Anmerkungen zur Geschichte des Taiwan-Konflikts, in: Konkret 10/2022.

Die deutsche Bundesregierung hat für die Resolution gestimmt und nahm 1972 diplomatische Beziehungen zur VR China auf.

Als am 1. Januar 1979 auch die USA die Volksrepublik offiziell als die einzige Vertretung Chinas anerkannte, hatte es vorher harte Verhandlungen über Taiwan gegeben. Im »Shanghai Communiqué« von 1972 erkannten die USA an, »dass alle Chinesen auf beiden Seiten der Taiwanstraße behaupten, dass es nur ein China gibt und dass Taiwan ein Teil Chinas ist«. Das war der Beginn der sogenannten »Ein-China«-Politik, ließ aber Raum für Interpretationen. Denn die USA hatten damals nicht ausdrücklich unterschrieben, dass Taiwan ein Teil Chinas sei. Nach dem Communiqué mussten die USA zudem ihre diplomatischen Beziehungen zu Taiwan abbrechen. Die frühere US-Botschaft in Taipeh wurde zum American Institute on Taiwan umbenannt, wird aber weiter vom US-Außenministerium finanziert und gesteuert.

Die USA mussten auch ihr Verteidigungsabkommen mit Taiwan kündigen und »Streitkräfte und Militäreinrichtungen auf Taiwan fortschreitend reduzieren [...] mit dem endgültigen Ziel, alle US-Streitkräfte und Militäreinrichtungen aus Taiwan abzuziehen«. Das jedoch hatten die USA nie ernsthaft vor: Als die diplomatischen Beziehungen zur Volksrepublik 1979 offiziell aufgenommen wurden, beschloss der US-Kongress zeitgleich den Taiwan Relations Act, demzufolge die USA Waffen und militärische Dienstleistungen zur Selbstverteidigung an Taiwan liefern werden. Nach chinesischen Protesten gab es eine weitere Vereinbarung von 1982, in der die USA ihre Absicht erklärten, die Rüstungsexporte nach Taiwan schrittweise zu reduzieren – auch diese Absichtserklärung blieb Papier!

Aus chinesischer Sicht ist Taiwan eine innere Angelegenheit. Nach Aufnahme der diplomatischen Beziehungen mit den USA und den in diesem Kontext unterzeichneten Vereinbarungen setzte man auf direkte Gespräche mit der Regierung in Taipeh. 1992 einigten sich die Kommunistische Partei und die Guomindang, die auf Taiwan auch nach dem Ende der Militärdiktatur noch regierte, auf einen Konsens. Nach dem gemeinsamen Verständnis gibt es nur ein China, auch wenn die Volksrepublik und die Republik sich jeweils für das richtige China halten. Dieser »Konsens von 1992« ist bis heute die Grundlage für die sehr engen Wirtschafts- und Verkehrsbeziehungen und die vielen persönlichen Kontakte zwischen Taiwan und der Volksrepublik.

Als ein paar Jahre später der damalige taiwanesische Präsident offiziell die USA besuchte – eine Demonstration von Taiwans Unabhängigkeit –, kam es zum dritten militärischen Showdown zwischen China und den USA. China machte wieder Militärübungen um Taiwan und schoss Raketen in Taiwans Hoheitsgewässern ab. Der chinesische Verteidigungsetat war damals umgerechnet nur etwa doppelt so hoch wie der von Taiwan, obwohl die chinesische Armee 60-mal mehr Soldaten unter Waffen hatte.

Im Jahr 2000 gewann die Demokratische Fortschrittspartei DPP mit ihrem Programm der Unabhängigkeit Taiwans erstmals die Präsidentschaftswahlen und löste nach 50 Jahren die Guomindang ab. Der neue Präsident wandte sich gleich bei seinem Amtsantritt gegen eine Abspaltung von China, die enge wirtschaftliche Verflechtung Taiwans mit der Volksrepublik hatte Priorität vor der Frage der Souveränität.

Zur Absicherung gegen separatistische Bestrebungen verabschiedete Chinas Nationaler Volkskongress im Jahr 2003 das »Anti-Abspaltungsgesetz«, das die friedliche Wiedervereinigung zum Ziel erklärte. Von einer Befreiung Taiwans war nicht mehr die Rede, die Insel sollte nach der Wiedervereinigung weitgehende Autonomie bekommen nach der Formel: »Ein Land, zwei Systeme«. Für den Fall, dass es nicht zur friedlichen Wiedervereinigung kommt, lässt das Gesetz auch den Einsatz »nicht-friedlicher Mittel« zu.

Aktuell hat die chinesische Politik das Problem, dass vermutlich die meisten Taiwanes*innen einer von China gesetzlich verbrieften Zusage weitgehender Autonomie mit zwei unterschiedlichen politischen Systemen nach den Ereignissen in Hongkong nicht mehr trauen. Hongkong kam nach dem Ende der britischen Kolonialregierung 1997 völkerrechtlich wieder zu China – ebenfalls mit Garantien weitgehender Autonomie nach der gleichen Formel. Nach der Niederschlagung der Proteste in den Jahren 2019 und 2020, die freie Wahlen forderten, aber teilweise separatistisch orientiert waren, sorgte Chinas Zentralregierung mit neuen Gesetzen und mit der Installation einer neuen Regierung für eine weitgehende Anpassung der Hongkonger Administration und der Gesetze an das politische System der Volksrepublik. Tausende Hongkonger flohen – meist nach Taiwan. Keine guten Voraussetzungen, die Einwohner Taiwans von dem Modell »Ein Land, zwei Systemen« zu überzeugen. Es wird sich zeigen, ob die Zeit auch diese Wunden heilt.

Für die USA ein perfektes Kriegsmotiv

Für die USA und ihr Ziel, Chinas weiteren Aufstieg unbedingt und gegebenenfalls auch militärisch zu stoppen, bietet Taiwan perfekte Szenarien, um den Konflikt weiter zu eskalieren. Schon 2014 sprach der US-Politologe und Historiker John Mearsheimer von einem möglichen Krieg um Taiwan.[3] Im Westen haben aktuell Szenarien Konjunktur, denen zufolge der russische Invasionskrieg in der Ukraine für Xi Jinping eine Blaupause für Chinas Invasion von Taiwan sei. Abgesehen davon, dass die Taiwan-Frage völkerrechtlich geklärt

---

[3] John J. Mearsheimer: Taiwan's Dire Straits, in: The National Interest No. 130, www.jstor.org/stable/441532 (zuletzt abgerufen 23.3.2023).

und Taiwan damit ein Teil Chinas ist, entbehren solche Gleichsetzungen jeder historischen Grundlage. Sie gehen zudem an den engen wirtschaftlichen und persönlichen Verflechtungen zwischen der Volksrepublik und Taiwan vorbei. Auch für den früheren amerikanischen Diplomaten Chas Freeman, der den damaligen US-Präsidenten Richard Nixon bei seinem China-Besuch 1972 begleitet hatte, ist die Taiwan-Frage ein innerchinesisches Problem.

»Wir müssen verstehen, was der Ursprung eines militärischen Konflikts mit China sein wird: mit hoher Wahrscheinlichkeit die Taiwan-Frage. Aus chinesischer Sicht und auch aus der Perspektive vieler Menschen in Asien ist die Taiwan-Frage die Fortsetzung eines bis heute nicht beendeten Bürgerkriegs. Der ist in der Schwebe, aber niemals zu Ende gegangen [...] Taiwan ist immer noch Nachfahre einer der Parteien des Bürgerkriegs. Aus chinesischer Sicht ist es ein Krieg darum, wer das Land regiert und was chinesisches Territorium ist. Die Chinesen haben dazu eine sehr klare Meinung [...]

Auch Amerikaner, jedenfalls manche, machen sich Gedanken um Taiwan, und ich gehöre dazu. Aber Taiwan ist nicht Kernstück meiner Politik in der gleichen Weise wie für die Chinesen. Bis vor kurzem hatten die Chinesen nicht viele Vorbereitungen für eine bevorstehende Eroberung Taiwans getroffen. Wir haben einige gemeinsame Verabredungen mit den Chinesen, die wir bei dem Nixon-Trip 1972 und danach mit der Normalisierung der Beziehungen unter Jimmy Carter und dem früheren Vizepremier Deng Xiaoping getroffen haben. Aber die USA haben diese gemeinsamen Verabredungen Schritt um Schritt verletzt. Wir hatten vereinbart, die Menge und die Qualität der Waffenlieferungen an Taiwan zu deckeln und schrittweise zu reduzieren; wir haben diese Restriktion komplett ignoriert. Wir haben zugestimmt, dass es keine offiziellen bilateralen Beziehungen mit Taiwan gibt; aber wir haben gerade 250 Mio. US-$ ausgegeben für einen Bau, der wie eine Botschaft in Taipeh aussieht. Wir hatten vereinbart, dass es keine offiziellen Beziehungen gibt; aber wir haben gerade Staatssekretäre nach Taipeh geschickt. Wir hatten vereinbart, alle militärischen Einrichtungen zu schließen und alle Soldaten abzuziehen; aber insgeheim verstärken wir unsere Truppen in Taiwan.

Als Antwort haben die Chinesen formidable Kapazitäten aufgebaut, um Taiwan zu erobern. Nach meinem Verständnis – obwohl ich nicht mehr privilegierten Zugang zu klassifizierten Informationen habe – zeigt jedes Kriegsspiel, zeigt jedes Szenario, das wir durchgespielt haben, dass die USA bei einem Krieg um Taiwan verlieren. Und man muss sich fragen, was ein Sieg bedeutet [...] Ist Taiwan dann eine rauchende Ruine, die Demokratie zerstört? Vielleicht ist Taiwan dann weiterhin nicht Teil der Volksrepublik. Aber China verschwindet nicht, es wird sich neu sortieren und kommt wieder.«

Freeman verweist darauf, dass es schon in der chinesischen Kaiserzeit Konflikte um Taiwan gab. Im 17. Jahrhundert ging die Dynastie der Ming-Kaiser

Abb. 4: Militärausgaben 2021 in Mrd. US-$

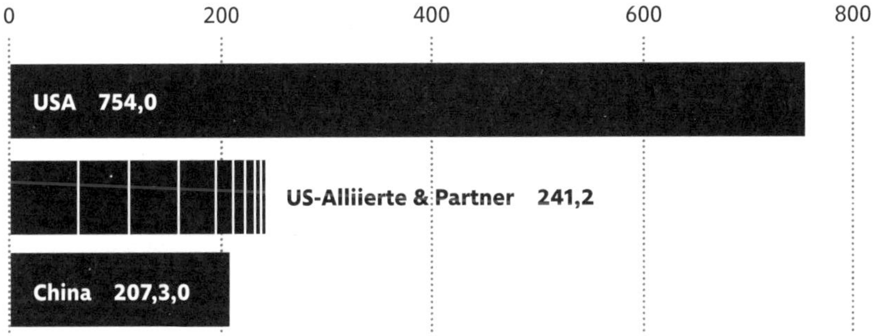

* In der Reihenfolge der Haushaltsgröße: Indien, Japan, Süd-Korea, Australien, Taiwan, Singapur, Indonesien, Philippinen, Malaysia

Quelle: Institute for Strategic Studien, Economist

unter, und die Manchu- bzw. Qing-Dynastie kam ans Ruder. Damals stand Taiwan noch weitere 40 Jahre unter der Verwaltung der Ming. Die Manchus bzw. Qing haben dann elfmal versucht, Taiwan zu erobern. Die ersten zehn Versuche scheiterten und kosteten einer halben Million Soldaten das Leben. Erst der elfte Versuch war erfolgreich. Als im 19. Jahrhundert die überlegenen europäischen Kolonialmächte China für den Tausch von Opium gegen Gold und Silber öffneten und entlang der Ostküste ihre Kolonien gründeten, war auch Japan mit von der Partie. Von 1895 bis 1945 war Taiwan eine japanische Kolonie. »Ich frage mich, warum wir in der Taiwan-Straße auf militärische Abschreckung setzen anstatt auf politischen Dialog? Wir tun das, weil wir es können. Wir sind seit 75 Jahren daran gewöhnt, der Oberherr in Ostasien zu sein. Wir haben als Land die Gewohnheit, andere Länder unter unseren Schutz zu nehmen. Wir sagen ihnen nicht, dass sie das selbst tun sollen. Das ist ein Thema, dass Trump meiner Meinung nach vernünftigerweise angesprochen hat. Taiwan hat seinen Verteidigungsetat und seine Truppenstärke reduziert unter der Annahme, dass Amerikaner bereit sind, für Taiwan zu sterben [...].«

Anders als Trump, der von Taiwan mehr eigene Militärausgaben verlangte, hat US-Präsident Biden wiederholt explizite militärische Beistandsgarantien für Taiwan gegeben und von der Unabhängigkeit Taiwans gesprochen. Seine Berater und US-Außenminister Blinken ruderten dann jeweils zurück und beteuerten, für die USA gelte weiterhin die »Ein-China-Politik«. Aber unter der Devise der »strategischen Ambiguität« – trotz bestehender Verträge den USA alle Optionen einschließlich des militärischen Eingreifens offenzuhalten – hat Biden die halboffiziellen diplomatischen und militärischen Beziehungen zur Republik China deutlich aufgewertet. Die Volksrepublik interpretiert diese Politik zu Recht als klare Provokation und als ein Bruch der bestehenden Verträge. Auf ihrem 20. Parteitag im Oktober 2022 hat die KPCh deshalb die Formel »den taiwanesischen Separatismus ablehnen und verhindern« ins Parteistatut aufgenommen.

Auch international verschärfen die USA den Konflikt mit China um Taiwan, aus chinesischer Sicht und nach den Grundsätzen des Völkerrechts eine Einmischung in die inneren Angelegenheiten. Außenminister Blinken erklärte im Oktober 2021, die Mitgliedsstaaten der Vereinten Nationen sollten eine »bedeutende Beteiligung« von Taiwan »am gesamten UN-System« unterstützen. Damit stellt sich die US-Regierung gegen den 1971 von den UN-Mitgliedsstaaten mit großer Mehrheit beschlossenen Ausschluss Taiwans. Blinken erklärte, Taiwan auszuschließen, unterminiere die Arbeit der Vereinten Nationen, und behauptete, die Einbeziehung Taiwans sei vereinbar mit dem »Ein-China-Prinzip«. Die US-Verbündeten in Europa reagierten prompt: Im Koalitionsvertrag vom November 2021 sagt die deutsche Ampel-Regierung ihre Unterstützung für »die sachbezogene Teilnahme des demokratischen Taiwan in internationalen Organisationen« zu. Das Europaparlament hatte schon kurz zuvor eine ähnliche Erklärung verabschiedet.

Eine weitere Verschärfung der Taiwan-Frage ist also programmiert. Sollte der US-Kongress den von den Republikanern vorgelegten Taiwan Policy Act beschließen, werden die chinesischen Reaktionen nicht auf sich warten lassen. Nach dem Gesetzentwurf sollen sich Taiwans Streitkräfte an gemeinsamen Militärmanövern mit den USA beteiligen und die Insel offiziell zu einem »wichtigen Nicht-NATO-Verbündeten« hochgestuft werden, was die Belieferung mit modernsten Waffensystemen erleichtert. Zudem soll es mit Taiwan künftig »de-facto diplomatische Beziehungen gleichwertig wie mit anderen ausländischen Regierungen« geben (Economist, 13.8.2022). Mit diesem Gesetz würden die USA eindeutig die »rote Linie« überschreiten, von denen Xi Jinping im persönlichen Gespräch mit Biden im November 2022 gesprochen hatte.

Bevölkerung für Status quo wegen enger Verflechtungen

Als nach dem Pelosi-Besuch im August 2022 die VR China rund um die Insel Taiwan demonstrativ mehrtägige Militärmanöver abhielt, die eine von den Land-, Luft- und Seestreitkräften durchgeführte Invasion Taiwans simulierten, zeigten sich westliche Journalisten ausgesprochen erstaunt über die Reaktionen vieler Menschen auf der Insel. Diese zeigten sich anlässlich der Kriegsspiele ziemlich »cool« und überhaupt nicht besorgt oder gar hysterisch wegen eines angeblich bevorstehenden Krieges, niemand erwartete eine Invasion. In einem im Herbst 2022 geführten Interview[4] erklärte ein ehemaliger Gewerkschaftsvorsitzender und Präsidentenberater aus Taiwan diese Stimmungslage: »Es gab verschiedene Umfragen, in denen versucht wurde, die politische Einstellung der Taiwanesen zur Unabhängigkeit zu bewerten. Wenn man die Antworten auf diese Umfragen nur anhand der Zahlen bewertet, geht man möglicherweise an der Frage vorbei, worum es den Menschen wirklich geht. Offensichtlich geht es eher darum, die Freiheit und Demokratie zu erhalten, die die Menschen auf der Insel seit Jahren genießen, als für die Unabhängigkeit zu kämpfen. Im Allgemeinen sind die meisten Menschen in Taiwan für die Beibehaltung des Status quo – sie würden lieber in Frieden als im Krieg leben. Obwohl einige Umfragen zeigen, dass die taiwanesische Bevölkerung zunehmend für die Unabhängigkeit und nicht für die Wiedervereinigung ist [...]

Die Führung der Volksrepublik China mag die Legitimität für ihre Handlungen beanspruchen, doch die Menschen in Taiwan könnten sie als dumm ansehen, weil diese Art von Handlungen die Gefühle der Menschen verletzt. Bislang sind die Beamten der VR China noch nicht in der Lage zu erkennen, dass die Menschen in Taiwan andere politische Ideologien akzeptieren und ihre eigenen Entscheidungen in ihrem besten Interesse treffen können [...]

Die DPP ist sich darüber im Klaren, dass die Unabhängigkeit Taiwans in der Realität und auf absehbare Zeit nicht zu erreichen ist, aber um des politischen Wettbewerbs willen muss sie sich von der KMT absetzen. Andererseits sind sich die Menschen in Taiwan auch bewusst, dass die Kosten für die Behauptung der Unabhängigkeit zu hoch sind, da dies der VR China einen Vorwand für einen Krieg liefern würde. Die Menschen in Taiwan sind realistisch, sie würden lieber den Status quo beibehalten, als einen Krieg anzuzetteln. Heute sind Taiwan und China im Handel und in der Wirtschaft sehr eng miteinander verbunden. China ist auf taiwanesische Hightech-Produkte angewiesen, um die wirtschaftliche und technologische Entwicklung Chinas zu unterstützen. Ein Krieg zwischen den Meerengen könnte für beide Gesellschaften katastrophale Folgen haben.

Dennoch könnte die Vereinigung zwischen Taiwan und der VR China nur ein langer Prozess sein, wenn die VR China nicht demokratisch wird und das taiwanesische Volk die Freiheit besitzt, seine eigenen Entscheidungen zu treffen. Bevor dies geschieht, ist es sowohl für Taiwan und die VR China

---

[4] Interview von Rolf Geffken mit Shih-wei PAN, veröffentlicht auf den Nachdenkseiten am 5.11.2022. PAN war Gewerkschaftsvorsitzender, später Präsidentenberater und Arbeitsminister in Taiwan.

als auch für die Welt am besten, den Status quo beizubehalten, anstatt einen Krieg zu entfachen.«

Die taiwanesischen Unternehmen, aber auch die Menschen haben von der engen Verflechtung mit der Volksrepublik profitiert. Mit dem Beginn von Chinas »Reform- und Öffnungspolitik« in den 1980er-Jahren kamen zunächst vor allem Privatunternehmen mit ethnisch chinesischen Kapitalisten als Eigentümern aus Hongkong, Taiwan und Singapur und aus der großen chinesischen Auslandsdiaspora ins Land. Das riesige Angebot von billigen Arbeitskräften war unwiderstehlich. Die gemeinsame Sprache und Kultur reduzierten die Transaktionskosten. Heute sind die USA zwar Chinas wichtigster Handelspartner, aber gleich auf den nächsten Plätzen folgen Taiwan, Südkorea und Japan, erst auf dem fünften Rang folgt Deutschland. Chinas ostasiatische Handelspartner sind weit abhängiger von der Volksrepublik als Deutschland. Das Handelsvolumen zwischen Taiwan und dem chinesischen Festland lag 2021 bei 188 Milliarden Dollar (Economist, 15.10.2022). Ein großer Teil davon entfällt auf Chips, die von Taiwan für die Endproduktion in die Elektronikfabriken auf dem Festland transportiert werden.

Auch die gesellschaftlichen und persönlichen Bindungen zwischen China und Taiwan sind sehr eng. Viele Taiwanesen haben Verwandte in der Volksrepublik. Schon in den 1980er-Jahren wurden direkte Flugverbindungen zwischen der Insel und dem Festland aufgenommen, heute sind diese Reisen an der Tagesordnung. Über eine Million Menschen aus Taiwan leben in der Volksrepublik und sind dort meist als Spezialisten und Manager beschäftigt. In der Gegend von Shanghai gibt es die Millionenstadt Kunshan mit über 100.000 Menschen aus Taiwan. Aus Taiwan kommt auch der größte private Arbeitgeber Chinas, der Auftragsfertiger Foxconn oder Honhai. Foxconn hat in China über eine Million Beschäftigte, meist in riesigen Fabrikanlagen, wo im Auftrag von Apple und anderen Elektronikkonzernen iPhones und andere Geräte montiert werden. Die weltweit führenden taiwanesischen Chiphersteller wie TSMC oder UMC haben ebenfalls große Werke dort, allerdings sind Entwicklung und die Produktionsstätten für ultrafeine Chips weiterhin auf der Insel konzentriert.

Das dient als Absicherung – und zwar in mehrfacher Hinsicht. Erstens ist es die Garantie, dass im Falle einer chinesischen Invasion die USA militärischen Beistand leisten. Zweitens ist es das Kalkül, dass die chinesische Regierung allein schon aus wirtschaftlichem Interesse keine Ambitionen hat, Taiwan militärisch anzugreifen. Denn eine Zerstörung der modernsten Anlagen für die Chipproduktion auf Taiwan würde nicht nur die Weltwirtschaft insgesamt treffen, sondern ganz besonders die VR China.

Ein gutes Beispiel dafür ist der Halbleiterkonzern TSMC, der über 80% des Weltmarktes für die schnellsten Chips mit den feinsten Strukturen kontrolliert. Der Konzern beliefert nicht nur Apple in den USA, sondern auch Alibaba, Tencent und Huawei in China. Im Jahr 2020 machte er über 20 Milliarden Dollar Gewinn beim Gesamtumsatz von 48 Mrd. $. Mit einer Marktkapitalisierung von 560 Mrd. $ war TSMC damals unter den teuersten börsennotierten Firmen der Welt. Das Unternehmen ist auch ein cleverer geopolitischer Akteur, der im Konflikt zwischen China und den USA gut manövriert. 62% der Umsätze von TSMC entfielen 2020 auf Kunden mit Hauptsitz in den USA und 17% auf Kunden mit Hauptquartier in China. TSMC hat längst die früheren Größen der Chipbranche wie Intel überholt und ist heute unverzichtbar sowohl für China wie für die USA. Diese Position ist für TSMC ein Puffer gegen die geopolitischen Konflikte. TSMC und andere taiwanesische Unternehmen behalten auch deshalb ihre wichtigsten Entwicklungsabteilungen und die modernsten Produktionsprozesse auf der Insel, während sie gleichzeitig in den USA und in China neue Fabriken bauen. Das seit 2018 produzierende TSMC-Werk im chinesischen Nanjing kann technisch mit den Produktionsprozessen auf Taiwan nicht mithalten. Dasselbe gilt für das künftige TSMC-Werk in Arizona, das zwar modernste Chips nach dem heutigen Stand der Technologie produzieren soll, aber bei Eröffnung 2024 technologisch schon wieder überholt sein wird. TSMC wird nach den Investitionsplanungen auch in den nächsten Jahren etwa 80% seiner Produktionskapazitäten in Taiwan haben (Economist, 1.5.2021).

Krieg ist das Letzte, was China braucht

Ein militärischer Konflikt um Taiwan ist das Letzte, was China braucht. Und andere Kriegsziele sind aus chinesischer Sicht sind nicht erkennbar, auch wenn der mediale Mainstream im Westen regelmäßig indisch-chinesische Scharmützel im Himalaja oder Streitigkeiten um die Seegrenzen etwa zwischen den Philippinen oder Japan und China hochkocht.

Ein Krieg um Taiwan wäre ein Konflikt, in dem die USA direkt Kriegspartei gegen China sind. Im Konflikt um Taiwan geht es für die USA nicht nur darum, dass sie weiterhin im Indopazifik die dominierende Supermacht bleiben, die die Seewege kontrolliert und über ein Netz von Verbündeten und mit vielen Militärstützpunkten die Hegemonie über die Staaten um den Indischen Ozean und rund um den Pazifik ausübt. Vor allem wollen sie Chinas weiteren Aufstieg mit allen Mitteln stoppen. Was eignet sich besser dafür als ein Krieg um Taiwan, direkt vor Chinas Haustür?

Aus chinesischer Sicht spricht dagegen alles gegen eine militärische Auseinandersetzung um den Status der Insel Taiwan. Die Geschichte der Beziehungen in den letzten 50 Jahren und die enge wirtschaftliche Verflechtung sind starke Argumente gegen einen militärischen Konflikt. Denn China hat bislang ebenso wie Taiwan mit der dargestellten strategischen Ambiguität der Taiwan-Frage gut gelebt: Wirtschaftlich und gesellschaftlich sind die langjährigen Beziehungen zwischen China und Taiwan zum gegenseitigen Vorteil: Die taiwanesischen Kapitalgruppen machen seit Jahrzehnten beste Geschäfte in der Volksrepublik und gehören dort zu den größten Investoren. Die chinesische Volkswirtschaft hat umgekehrt von den Investoren aus Taiwan und deren Know-how über Jahrzehnte enorm profitiert. Unternehmen aus Hongkong und Taiwan und von Auslandschinesen in Südostasien waren die ersten, die sich gleich zu Beginn von Deng Xiaopings Reformpolitik vor über 40 Jahren in den neu geschaffenen Wirtschafts-Sonderzonen an der chinesischen Küste ansiedelten. Damals konkurrenzlos billige chinesische Arbeitskräfte und geringe Transaktionskosten durch gemeinsame Sprache und Kultur sorgten für eine enorme Anziehungskraft. Seitdem haben sich auch die Kontakte der Menschen, die nicht nur durch Sprache und Kultur, sondern oft auch über familiäre Beziehungen verbunden sind, enorm entwickelt.

Im Zentrum der westlichen und der US-Kriegsspiele um Taiwan steht eine mögliche chinesische Invasion Taiwans oder auch eine militärische Blockade der Insel mit dem Ziel ihrer wirtschaftlichen »Aushungerung«. Sicher gibt es auch in der chinesischen Armeeführung solche Planspiele. Aber auch wenn China – trotz umfassender US-Unterstützung für Taiwan – in einem Konflikt militärisch die Oberhand behalten sollte: Der wirtschaftliche und gesellschaftliche Preis für China wäre gewaltig. So gibt es auch in Peking Analysen, nach denen ein militärischer Konflikt die globalen Ambitionen Chinas und die Entwicklung des Landes um Jahrzehnte zurückwerfen kann.

Die meisten westlichen Einschätzungen zu einem möglichen Konflikt um Taiwan untersuchen die Frage, ob, wann und wie China die Insel militärisch angreifen wird. Die nicht-militärischen Konsequenzen eines solchen Szenarios für China und für die Welt werden dagegen in den Planspielen des Pentagon und der US-Verbündeten im pazifischen Raum und in der NATO weniger diskutiert. Dabei ist das aber die Kernfrage: Warum in aller Welt sollte sich China sehenden Auges in ein Kriegsabenteuer stürzen, bei dem es vielleicht militärisch, aber weltpolitisch und wirtschaftlich niemals gewinnen kann? Chinas internationale Politik ist nicht missionarisch inspiriert und ist auch nicht werte-basiert, sondern ausgesprochen pragmatisch orientiert, auf den eigenen Vorteil und auf den wechselseitigen Nutzen mit den Partnerländern bedacht. Die Nicht-Einmischung in die inneren Angelegenheiten anderer Länder ist Kernelement dieser Politik. Dazu gehört auch das von Xi Jinping 2017 vor der globalen Managerelite in Davos vorgetragene Bekenntnis zu den Vorzügen des Handels und der Globalisierung. Warum sollte China ausgerechnet beim Thema Taiwan und damit eng verknüpft in den Beziehungen zu den USA und zum westlichen Lager diesen Pragmatismus aufkündigen? Weil Taiwan völkerrechtlich ein Teil Chinas und nicht ein anderes Land ist?

In einer Ende 2022 veröffentlichten Studie[5] der wirtschaftlichen Auswirkungen kommt Jude Blanchette vom regierungsnahen Washingtoner Thinktank CSIS zu der Einschätzung, dass eine chinesische Militäroperation zur Eroberung Taiwans auch im Erfolgsfall wirtschaftlich ein Desaster wäre: Nicht nur für Taiwan, dessen strategischer Wert als Chip-Hochburg der Welt nach den Kriegszerstörungen sehr infrage steht, sondern besonders für die Volksrepublik. Die Folgen wären wirtschaftlich und auch geopolitisch extrem negativ, denn China wäre diplomatisch und wirtschaftlich weitgehend isoliert von den reichsten und am weitesten entwickelten Volkswirtschaften. Kurz gesagt: China hätte dann zwar Taiwan erobert, aber dafür seine weit größeren Ambitionen geopfert, eine Weltmacht im umfassenden Sinn zu werden. Auch ohne direkte US-Intervention würde eine von der Volksrepublik gestartete Attacke unmittelbare, erheblich negative Effekte auf die Exporte und Importe, auf ihre Finanzmärkte, auf das Geschäftsklima und auf die Währung haben. Zudem würde ein militärischer Konflikt in der Taiwan-Straße sich direkt vor der Küste von drei der wirtschaftlich wichtigsten und bevölkerungsreichsten chinesischen Provinzen – Fujian, Guangdong und Zhejiang – abspielen, die zusammen fast ein Viertel der gesamten chinesischen Wirtschaftsleistung erbringen.

»Ein Angriff der Volksrepublik auf Taiwan wäre eine Katastrophe für China, für die USA und die Welt. Kurz gesagt: Jeder Versuch Chinas, die Wiedervereinigung mit Taiwan gewaltsam zu erzwingen, würde die Weltpolitik und die Wirtschaftsbeziehungen weit über die gegenwärtigen teilweisen Abkopplungstrends zerstören und würde jede längerfristige nationale Erneuerung der chinesischen Volkswirtschaft verhindern.«

Derartige westliche Einschätzungen wie die der Rand Corporation, eine US-Strategieberatung vor allem für das Pentagon, die schon 2016 zu dem Ergebnis gekommen war, dass nach einem Krieg um Taiwan vor allem Chinas Wirtschaftsleistung massiv bis zu einem Drittel einbrechen könnte, dürfte auch in Peking bekannt sein und in den Führungszirkeln der KPCh diskutiert werden. Vor diesem Hintergrund muten die in den letzten Jahren erheblich verstärkten Initiativen der USA, Taiwan militärisch aufzurüsten und die dortige Regierung diplomatisch aufzuwerten, als systematische und gezielte Versuche an, Chinas rote Linien auszutesten und die Volksrepublik bewusst in einen militärischen Konflikt um Taiwan zu verwickeln. In dem klaren

[5] Jude Blanchette, Gerard DiPippo: Kurzstudie unter: www.csis.org/analysis/reunification-taiwan-through-force-would-be-pyrrhic-victory-china.

Bewusstsein, dass China dabei letztlich der Hauptverlierer sein wird, denn Chinas weiteren Aufstieg mit allen Mitteln zu blockieren, ist eine der wenigen parteiübergreifenden Gemeinsamkeiten der ansonsten tief zerstrittenen US-Politik. Die Meinungsmacher haben längst dafür gesorgt, dass auch in der US-Bevölkerung das Anti-China-Sentiment in den letzten Jahren immer mehr gewachsen ist, selbst wenn diese noch immer Hauptabnehmer chinesischer Produkte ist.

Sicher nicht zufällig hat die US-Regierung – sehr zum Missfallen ihrer Verbündeten in Europa und Asien – im Sommer 2022 mit hunderten Milliarden US-Dollar gezielt die asiatischen und vor allem taiwanesischen Chipkonzerne umworben, um in den USA Produktions- und Forschungsstätten nach dem letzten Stand der Technik zu errichten. Bei einem militärischen Konflikt um Taiwan mit der Konsequenz der zwangsläufigen Unterbrechung globaler Lieferketten wäre wenigstens die Halbleiterversorgung für die USA und ihre Rüstungskonzerne teilweise gesichert.

Die chinesische Führung zeigte sich auf dem Parteitag der KPCh im Herbst 2022 in der Taiwan-Frage sehr zurückhaltend und vermied jeden Eindruck einer Mobilisierung für eine militärische Konfrontation. In dem Bericht an die Delegierten des Parteitags bekräftigte Xi Jinping zwar ausdrücklich das Ziel der Wiedervereinigung und wandte sich gegen sezessionistische Strömungen in Taiwan. In der Weltpolitik setzte er auf Multipolarität, also darauf, dass die Zeiten einer dominierenden Hegemonialmacht gezählt sind. Direkt wurden die USA in dem Bericht allerdings nicht angesprochen. Betont wurden die großen weltpolitischen Veränderungen und die Notwendigkeit, Chinas Sicherheit zu stärken (Economist, 22.10.2022). Der Bericht mit seinen Botschaften war in den Monaten vorher in der KPCh breit diskutiert worden. Er gibt den Konsens in der KPCh und wahrscheinlich auch in der chinesischen Gesellschaft wieder.

Im November 2022, kurz nach dem Parteitag, erklärte ein ranghoher chinesischer Diplomat in Washington, China habe keinen Zeitplan und bevorzuge eine friedliche Wiedervereinigung mit Taiwan. China und die USA seien weiter »Freunde« und könnten auf vielen Gebieten zusammenarbeiten (Economist, 12.11.2022). Das Thema Taiwan wird relativiert, um sich nicht in eine von den USA und deren Verbündeten geschürte Konfrontation verwickeln zu lassen, während die USA diesen Konflikt gezielt mit immer neuen Provokationen forcieren.

Die politische Entscheidungsfindung funktioniert im chinesischen System anders als in einem im Westen gerne an die Wand gemalten Top-Down-Modell, bei dem die Spitze in einsamer Weisheit die Richtlinien vorgibt und die unteren Ebenen und die Masse der Bevölkerung gehorsam die Entscheidungen von oben umsetzen. Das würde in einem Land mit über 1,4 Mrd. Menschen und einer regionalen Differenzierung zwischen bitterarmen Landgebieten und entwickelten modernsten Metropolregionen nicht funktionieren. Besser kann die Rolle Xi Jinpings für die KPCh und für die chinesische Gesellschaft als Moderator beschrieben werden. Seine wichtigste Aufgabe besteht darin, durch beständige Herstellung eines Konsenses das Riesenland und die unterschiedlichen politischen und gesellschaftlichen Strömungen zusammenzuhalten und gleichzeitig Chinas weitere Entwicklung voranzutreiben. Xi Jinping steht an der Spitze einer politischen Maschine, in der sich sehr unterschiedliche – politische und ideologische, soziale, regionale und sektorale – Interessen manifestieren.

Aktuell ist China mit gravierenden wirtschaftlichen und sozialen Problemen konfrontiert, die auch die innere Stabilität gefährden können. Anders als beim KP-Parteitag 2017, als US-Präsident Trump gerade im Amt war und als es noch keinen ausgeprägten US-Wirtschaftskrieg gegen China gab, ist es inzwischen mit einem Kreuzzug des Westens unter Führung der Supermacht USA konfrontiert. Letztere haben in den sogenannten Autokratien und speziell in China den neuen Hauptfeind ausgemacht.

Für die meisten Chinesen und für die Partei hat dagegen die weitere Entwicklung des Landes oberste Priorität, das war die wichtigste Botschaft des Parteitages. Denn trotz der enormen Erfolge bei der wirtschaftlichen und sozialen Entwicklung ist es noch ein langer Weg, bis das Land auch in der Wirtschaftsleistung pro Kopf gegenüber den reichen Industrieländern aufgeholt hat. Heute ist China nach Kaufkraftparitäten gerechnet zwar die weltgrößte Wirtschaftsmacht und könnte die USA demnächst auch bei der Wirtschaftsleistung in Währungsrelationen überholen. Aber das Pro-Kopf-Einkommen beträgt nur ein Viertel dessen der USA. 2035 will China bei der Pro-Kopf-Wirtschaftsleistung so weit sein, wo heute Spanien steht. Die aktuellen Probleme machen deutlich, dass der weitere Entwicklungsweg kompliziert und alles andere als krisenfrei ist.

Wann kommt es aus der Sicht der US-Militärs und der Schreibtisch-Strategen zum Krieg mit China? Erst um das Jahr 2049 herum? Nach den Projektionen der KP soll dann die Erneuerung der chinesischen Nation abgeschlossen sein und China ein wohlhabendes Land. Dann wird es auch über eine erstklassige Armee verfügen. Oder schon 2035, wenn die Modernisierung der nationalen Verteidigung im Wesentlichen abgeschlossen sein soll? Oder schon um 2027, wenn China nach Einschätzung der amerikanischen Militärs die Kapazitäten für eine Invasion Taiwan hätte? Ein neues Buch von zwei amerikanischen Geostrategen argumentiert, es gebe schon jetzt die akute Gefahr einer militärischen Konfrontation.[6] Denn den Autoren zufolge stehe China gerade ein harter wirtschaftlicher Absturz bevor, oder es sei sogar schon beim Abstieg. Gerade das mache das Land besonders gefährlich und könne deshalb bald versuchen, Taiwan zu erobern, solange es dazu noch in der Lage sei. China stecke in der Falle einer Macht, die ihren Zenit schon erreicht habe (»Peak Power Trap«). Sie vergleichen die Volksrepublik mit dem kaiserlichen Japan im Zweiten Weltkrieg, das die wirtschaftliche Strangulierung durch die Alliierten fürchtete und deshalb 1941 Pearl Harbour angriff.

Die These, dass China schon den Zenit seines wirtschaftlichen Aufstiegs erreicht habe und deswegen ein Krieg bevorstehe, ist fraglich. Chinas Wirtschaftswachstum hat sich tatsächlich in den letzten Jahren verlangsamt – nicht nur wegen Corona. Für die Autoren basierte Chinas bisheriges Wachstum auf verschiedenen Faktoren, die jetzt nicht mehr gegeben seien. Der demografische Boom – eine wachsende Bevölkerung im arbeitsfähigen Alter – laufe aus, und die marktwirtschaftlichen Reformen würden ersetzt durch eine Re-Zentralisierung der Volkswirtschaft. Innovative Technologiefirmen würden behindert, der Immobiliensektor kämpfe mit einem riesigen Schuldenberg. Von einer smarten Autokratie mit lockerer politischer Kontrolle habe sich China zu einem unterdrückerischen Techno-Überwachungsstaat gewandelt. Außerdem hätten die reichen Länder des Westens begonnen, Chinas Handel und Wirtschaft zu blockieren.

Die US-Regierung sieht China als die größte Bedrohung für Amerikas weitere Vorherrschaft. Nach den bisherigen militärischen Planungen der USA, die die Grundlage für die Verteidigungsbudgets sind, ist die Volksrepublik erst in den nächsten zehn bis 15 Jahren in der Lage, die USA auch militärisch herausfordern. Konkret geht es bei diesen Szenarien immer um Taiwan. Der frühere Chef des indopazifischen Kommandos erklärte 2021, schon in dieser Dekade und wahrscheinlich in den nächsten vier oder fünf Jahren werde China die militärische Konfrontation um Taiwan suchen. »Wir sehen, dass die Chinesen militärisch immer besser werden – vom Meeresgrund bis zum Weltraum« (Economist, 1.5.2021). Sein Nachfolger erklärte in US-Senat, das Zeitfenster für die militärische Konfrontation werde immer kürzer. Das Risiko eines militärischen Angriffs sei manifest, und zwar schon in den nächsten Jahren. Als Ergebnis dieser Debatte in Washington hat der US-Kongress nicht nur das von der Regierung vorgeschlagene Verteidigungsbudget gebilligt, sondern hat es gleich um weitere 100 Milliarden Dollar aufgestockt. Ein Kommentator der Financial Times (6.5.2021) bemerkte dazu, damit hätten die Diskussionen um Taiwan in den USA schon längst das gewünschte Ziel

---

[6] Michael Beckley/Hal Brands: Danger Zone. The Coming Conflict with China, New York 2022.

erreicht: die weitere Aufstockung des Militärbudgets und die Stärkung des militärisch-industriellen Komplexes. Der Zeitgeist in Washington beschwört den bevorstehenden Krieg um Taiwan. Nach Medienberichten hat ein General der US-Army Ende Januar 2023 in einer Mail seinen Soldaten erklärt, binnen zwei Jahren komme es zum Krieg gegen China. Bei Berührungen mit feindlichen Soldaten sollten sie immer zwischen die Augen schießen. Das US-Außenministerium hat die Berichte bestätigt, erklärte aber, es handele sich nicht um die offizielle Meinung der US-Regierung und des Pentagons.

Aber die chinesische Regierung und die Menschen in China können noch lange mit dem ambivalenten Status von Taiwan leben – de facto autonom, aber von den Großmächten, von den allermeisten Ländern und von den Vereinten Nationen nicht als unabhängiger Staat anerkannt. Nach den bislang größten chinesischen Militärmanövern rund um Taiwan im August 2022 hatten die westlichen Medien und viele US-Strategen vom 20. Parteitag der KP Signale erwartet, dass eine militärische Durchsetzung der Wiedervereinigung mit Taiwan auf der Tagesordnung stehe. Sie wurden enttäuscht, China ist wieder nicht in die Falle getappt.

Die chinesische Politik ist ausgesprochen pragmatisch und nicht wie die der USA von Ideologie und missionarischem Eifer getrieben, die eigenen Werte und das finanzkapitalistische Wirtschaftsmodell überall auf der Welt durchzusetzen. China hat sich mit der Ambiguität des Status von Taiwan schon lange arrangiert und kann damit weiterhin gut leben. Zu der von den USA propagierten kompletten wirtschaftlichen Abkopplung Taiwans von China wird es nicht kommen. Sie wird nicht funktionieren, auch weil die Interessen der taiwanesischen Bourgeoisie gegen den Zerfall der globalisierten Weltwirtschaft in zwei unterschiedliche Lieferketten – US- bzw. China-zentriert – stehen.

So werden wir weitere chinesische Militärmanöver erleben, wann immer in Taiwan hochrangige US-Delegationen erscheinen, die die Unabhängigkeit der Insel propagieren. Oder wenn es auf der Insel politische Bestrebungen gibt, den bisherigen Status quo aufzukündigen und die Unabhängigkeit Taiwans zu erklären. Bislang hat China immer zurückhaltend auf alle Provokationen durch die USA und ihrer Verbündeten reagiert. Auch die jüngsten US-Sanktionen in der Chipbranche wurden nicht mit gleicher Münze zurückgezahlt – etwa mit einem Ausschluss von Apple vom chinesischen Markt, was den wertvollsten Konzern der Welt empfindlich treffen würde, oder mit dem Stopp des Exports von Solarmodulen.

Kapitel 4
Deutschland & Europa – US-Juniorpartner?

»Raus da! Die Abhängigkeit von China ist gefährlich für die deutsche Wirtschaft […] So ist China zu einem bedrohlichen Klumpen für Wirtschaft und Wohlstand in Deutschland geworden.« Diese Mahnung der Süddeutschen Zeitung (3.12.2022) wird unterlegt mit nicht weiter spezifizierten Horrorszenarien über die dramatischen wirtschaftlichen Folgen, »wenn Präsident Xi seiner Drohung gegen Taiwan Taten folgen lässt«. Der Tenor, dass die Abhängigkeit von China zu groß ist und dass Deutschland sich nicht mehr wie bisher beim Erdgas wirtschaftlich abhängig machen dürfe, dominiert die aktuelle Diskussion um die deutsche und die europäische China-Politik. Nach den Erfahrungen mit Russland und dem Ukraine-Krieg häufen sich düstere Warnungen vor Geschäften mit sogenannten Autokratien und speziell vor Deutschlands Abhängigkeit von China.

Als externer Beobachter könnte man sich fragen: Sind die Eliten in Deutschland auf einem suizidalen Trip? Wollen sie eine der wichtigsten Profitquellen der deutschen Industrie beschneiden? Obwohl die chinesische Regierung Deutschlands China-Geschäft fördert? Soll die deutsche Wirtschaft nach dem politisch aufgezwungenen Verzicht auf die Versorgung mit günstiger Energie jetzt auch noch den riesigen Wettbewerbsvorteil in der internationalen Konkurrenz aufgeben, den bevorzugten und seit Jahrzehnten etablierten Zugang zum riesigen chinesischen Markt?

Aber Entwarnung: Die deutsche Wirtschaft jedenfalls will ihr China-Geschäft fortsetzen, eine Abkopplung kommt für sie nicht infrage. Dass insbesondere die deutsche Industrie bislang dort prächtige Geschäfte gemacht haben, gehört zu den Alltags-Weisheiten. Jede/r kennt jemanden im persönlichen Umfeld, der in den letzten Jahren in China gearbeitet hat und aus dem Land zu erzählen weiß. Zu den Binsenweisheiten gehört auch das verbreitete Gefühl, dass der relative Wohlstand in Deutschland auch mit den Erfolgen der Wirtschaft in China zu tun hat.

Als 2022 nach der russischen Invasion in die Ukraine die Forderungen nach einer Abkopplung von China lauter wurden, schienen die Vertreter der großen Kapitale und des Mittelstands, die ohnehin das diskrete Gespräch bevorzugen, auf Tauchstation gegangen zu sein. Kaum Stellungnahmen und Interviews von hochrangigen Managern. Aber die Nachrichtenagentur Reuters berichtet am 13. Oktober 2022, dass Manager der deutschen Industrie mit Vertretern der Bundesregierung über deren China-Politik aneinandergeraten sind. Als die Manager im September von einem Vorschlag aus dem Wirtschaftsministerium erfuhren, dass künftig alle Investitionen von deutschen Unternehmen in China vorab überprüft werden sollten, gab es einen kleinen Aufstand. Nach Quellen aus dem Ministerium und von Managern wurde der Vorschlag bald wieder einkassiert. In einem Videomeeting im September 2022 mit Wirtschaftsminister Robert Habeck machten hochrangige Manager ihre Verärgerung darüber deutlich, dass sie zu den weitreichenden Vorschlägen, die das Chinageschäft der Unternehmen beschneiden sollten, nicht konsultiert worden waren. Teilnehmer waren u.a. die Vorstandschefs von BASF, der Deutschen Bank und von Siemens. Das Treffen zeigte die Sorgen in den deutschen Vorstandsetagen über die Pläne der Bundesregierung, die Beziehungen mit China zu rekalibrieren. Denn vorher hatte Habeck erklärt, Deutschland wolle einen härteren Kurs im China-Handel fahren. Durch die Prüfung der Investitionen solle der Technologietransfer begrenzt und wachsende Abhängigkeiten auf bestimmten Gebieten vermieden werden.

Ein Vertreter des Mittelstands warnte ausdrücklich vor einer Abkehr; die China-Aktivitäten der deutschen Wirtschaft einzubremsen, sei definitiv falsch. Die von Habeck lancierte Idee, die staatlichen Export- und Investitionsgarantien auslaufen zu lassen, würde gerade die Unternehmen im Mittelstand massiv treffen, aber nicht die finanzkräftigen Konzerne. Ohne staatliche Exportgarantien hätten die meisten Mittelständler nicht mehr den Mut, Geschäfte in China zu machen.

Die deutschen Investitionen und der Handel mit China verzeichneten 2022 wieder neue Rekorde. Großkonzerne wie BASF oder die Autohersteller investieren noch mehr, um unabhängige lokale Lieferketten aufzubauen und ihre China-Operationen angesichts geopolitischer Konflikte und Handelskriege besser abzuschotten. »Lokal für Lokal« wird die Strategie genannt, für den riesigen chinesischen Markt eigene lokale oder regionalisierte Lieferketten aufzubauen. Damit wollen die Konzerne ihr profitables Geschäft mit der Volksrepublik besser gegen externe Risiken wie Wirtschaftssanktionen etc. absichern.

Nach einer Studie der Rhodium Group haben allein Mercedes-Benz, Volkswagen, BMW und BASF ein Drittel aller europäischen Investitionen in China zwischen 2018 und 2021 getätigt. Aus Sicht von Mercedes Benz, die dort dreimal so viele Pkws verkaufen wie in den USA, ist es unmöglich, China und Europa wirtschaftlich komplett zu entflechten. »Unsere Strategie ist ›local-to-local‹, nicht nur aus geopolitischen Erwägungen, sondern auch für natürliches Hedging (z.B. die Absicherung vor Währungsrisiken), die Nähe zu den Hauptmärkten und aus Kostengründen«, zitiert Reuters einen Konzernsprecher.

Die Wirtschaftsvertreter erklärten in dem Video-Meeting mit Habeck, natürlich seien sie nicht naiv. Man werde die Geschäfte diversifizieren, aber gleichzeitig die existierenden Operationen in China verstärken. Manche der von der Regierung diskutierten Maßnahmen seien unkritisch, etwa dass bei der Versorgung mit Seltenen Erden die Abhängigkeit reduziert werden soll. Aber allein schon die Debatte über mögliche Änderungen der China-Politik sei geschäftsschädigend, denn die Volksrepublik dringe darauf, den Handel nicht zu politisieren.

Die Bundesregierung verstand die Botschaft der deutschen Wirtschaft. Auch das Wirtschaftsministerium ruderte zurück. Anfang November 2022 fuhr Bundeskanzler Olaf Scholz zu seinem ersten Staatsbesuch nach Peking. Im Monat vorher hatte er sich schon bei der Jahrestagung des VDMA, des Verbandes der deutschen Maschinenbauer, ausdrücklich zum China-Geschäft und zur Globalisierung bekannt. Sie habe Wohlstand für viele ermöglicht. »Wir müssen uns nicht von einzelnen Ländern abkoppeln. Wir müssen auch weiter Geschäfte mit China machen.« Dann folgte die derzeit angesagte Politphrase, dass die Beziehungen aber diversifiziert werden müssten, etwa nach Afrika oder Südamerika und in andere Teile Asiens. (Süddeutsche Zeitung, 12.10.2022)

Hysterische Diskussion um Abhängigkeiten

China ist Deutschlands größter Handelspartner, und zwar zum langjährigen gegenseitigen Vorteil. Fast 10% des Handelsvolumens von insgesamt 2,6 Bio. EUR entfielen 2021 auf Deutschlands Handel mit dem Land. Im Jahr 2021 lag der Bestand der deutschen Direktinvestitionen sechsmal so hoch wie der Bestand chinesischer Investitionen in Deutschland 2021. In neue Standorte in China (sog. greenfield investments) haben deutsche Unternehmen ein Vielfaches investiert als umgekehrt chinesische Unternehmen in Deutschland (Financial Times, 3.4.2019).

Wechselseitige Direktinvestitionen sind ein Indikator für wirtschaftliche (und politische) Abhängigkeiten. Nach diesem Maßstab wäre China sogar abhängiger von Deutschland und nicht umgekehrt. So könnte es sich zum Beispiel beklagen über die Abhängigkeit der chinesischen Industrie von deutschen Maschinenbauern. Auch wenn in der Summe Chinas Exporte nach Deutschland und in die EU höher sind als umgekehrt: Die Abhängigkeiten gehen in beide Richtungen.

China ist der größte Handelspartner für viele Länder auf dem Planeten. Angesichts der Größe und der wirtschaftlichen Potenz des Landes, seines Rohstoffhungers und der Exportorientierung seiner Industrie ist das kein Wunder. Das gilt nicht nur für Asien und für die afrikanischen Staaten, sondern auch für die US-Verbündeten Australien, Japan, Südkorea und Taiwan und auch für die Länder Lateinamerikas. Über vergleichbar hysterische Diskussionen über die Abhängigkeit wie in Deutschland nach dem Motto: »Raus da!« ist aus diesen Ländern nichts bekannt.

Die chinesischen Staats- und Privatunternehmen machen international Geschäfte, mischen sich aber in die inneren Angelegenheiten der anderen Länder nicht ein. So liefen auch unter der Regierung des brasilianischen Rechtspopulisten und erklärten China-Feindes Bolsonaro die Geschäfte zwischen beiden Ländern weiter. Denn China hat kein Interesse an einer Politisierung der weltweiten Geschäftsbeziehungen, solange seine nationale Souveränität nicht direkt tangiert wird.

Aus den letzten Jahren sind nur wenige Fälle bekannt, in denen die Volksrepublik ihre wirtschaftliche Macht offen als politisches Druckmittel eingesetzt hat. Zum Beispiel im Fall von Litauen: 2021 eröffnete die Regierung von Taiwan in dem kleinen EU-Mitgliedsland ein Wirtschaftsbüro mit der offiziellen Bezeichnung »Vertretung von Taiwan«. Diese Bezeichnung war mit der litauischen Regierung abgesprochen. Wirtschaftsvertretungen von Taiwan gibt es in der ganzen Welt, auch in Deutschland und anderswo. Aber überall firmieren diese Büros als »Handelsvertretung von Taipeh«, der Hauptstadt der Insel. Damit ist nach außen die von China geforderte und von den allermeisten UN-Mitgliedsländern seit Jahrzehnten unterschriebene »Ein-China-Politik« dokumentiert, während informelle Beziehungen und Geschäfte mit Taiwan über die »Handelsvertretungen von Taipeh« abgewickelt werden. China reagierte auf diese litauische Provokation, die die anderen EU-Mitgliedsstaaten kalt erwischte, aber offensichtlich mit den USA abgestimmt war, mit einem Stopp der Ausfuhren nach Litauen. Der frühere litauische Staatspräsident nannte das Vorgehen seiner Regierung eine Torheit. Der Außenminister Landsbergis begrüßte den Besuch von Nancy Pelosi auf Taiwan. Ein weiterer Fall betraf eine südkoreanische Supermarktkette in China. Die wurde im ganzen Land boykottiert, als die Regierung Südkoreas mit den USA die Installation eines Raketen-Schutzschirms auf der koreanischen Halbinsel ganz in der Nähe zu China vereinbarte.

Von Kommentatoren wird immer wieder eine stärkere Diversifizierung der deutschen Wirtschaft angemahnt, um die Abhängigkeit von China zu reduzieren. Das klingt so, als hätten die deutschen Unternehmer ihre Hausaufgaben nicht gemacht. In einzelnen Fällen mag das zutreffen. Aber gleichzeitig gibt es nur wenige Märkte auf der Welt, die ein ähnliches Potenzial und eine vergleichbare Dynamik wie China haben und die zugleich in der Lage sind, hoch entwickelte Produkte etwa der deutschen Maschinenbauer aufzunehmen. Außerdem dauert die Erschließung neuer Märkte – wie etwa Indien – viele Jahre und rechnet sich erst langfristig.

Die großen deutschen Kapitale sind in der Industrie konzentriert. Die Schwerpunkte liegen in der Auto- und Zulieferindustrie, im Maschinenbau, in der Elektroindustrie und der chemischen Industrie. Chinas Aufstieg hat seit über 20 Jahren diesen Branchen beste Chancen geboten, zu expandieren und neue Wachstumsmärkte zu erobern. Dabei ging es nicht um China als Billigstandort mit niedrigen Lohnkosten, sondern um die Entwicklung und Produktion von Maschinen und Anlagen für den dortigen Markt und speziell für Märkte in den Entwicklungsländern, also komplementär zu den Märkten, die von Europa aus beliefert werden. Ihre Billigstandorte haben die deutschen Kapitalgruppen längst in Mittel- und Osteuropa geschaffen – als verlängerte Werkbank der deutschen Industrie. So sind die deutschen Exporte nach Polen, Slowakei, Tschechien und Ungarn insgesamt sogar höher als die Exporte nach China. Meistens handelt es sich dabei um Lieferungen innerhalb von Unternehmensgruppen, also Intra-Konzern-Umsätze. Wirtschaftlich sind die vier Länder besonders abhängig von Deutschland. Aber politisch verfolgen sie oft eine eigene Agenda – im Falle von Polen unterstützt von den USA.

Der US-Wirtschaftskrieg gegen China steht den Interessen der deutschen Wirtschaft entgegen. Die steht vor schwierigen Entscheidungen, wenn die USA ihre Anti-China-Politik weiter verschärfen: Sollen sie ihre profitable Expansion dorthin fortsetzen und damit womöglich US-Sanktionen riskieren? Oder sollen sie sich schrittweise aus China zurückziehen? Aus Sicht von VW, BMW, Mercedes, BASF etc. steht das Engagement nicht zur Disposition. Die von der Politik gepredigte Diversifizierung von Absatz- und Beschaffungsmärkten (resiliente Lieferketten, Solar, Seltene Erden, Chips, Vorprodukte etc.) unter dem Motto »Weg von China« ist teuer und dauert viele Jahre

Auch wenn die Politik die Diversifizierung will und in den kommenden Jahren aktiv fördert: An der Bedeutung Chinas als riesiger Markt und als neues Zentrum von Spitzentechnologien ändert das auf absehbare Zeit nichts. Deswegen wird die wirtschaftliche Verflechtung Deutschlands mit China wahrscheinlich noch zunehmen – siehe dessen weltweit führende Rolle beim autonomen Fahren, Ende 2022 dokumentiert durch die Übernahme eines chinesischen Softwarehauses durch die VW-Softwaretochter Cariad. Auch Chinas Spitzenstellung beim Maschinenbau für Batteriefertigungen macht das Land für deutsche Unternehmen attraktiv. Aus Sicht von Nicola Leibinger, Vorstandschefin des Maschinenbauers Trumpf, verfolgt China das »Ziel, schrittweise den Westen zu erobern, und geht dabei sehr systematisch vor. Es ist fahrlässig, dass wir als Europäer wenig dagegen tun. Aber aus China abzuziehen ist keine Option.« (Frankfurter Allgemeine Zeitung, 4.7.2022) Bislang hatte Europa den industriepolitischen Programmen Chinas wenig Eigenständiges entgegenzusetzen.

Die politische und mediale Hysterie um Deutschlands Abhängigkeiten von China entbehrt weitgehend den Fakten. Das gilt nicht nur für den riesigen Absatzmarkt mit weiterhin großem Potenzial, zu dem es kaum vergleichbare Alternativen für die hochgradig exportorientierte deutsche Industrie gibt. Zudem dauert die Erschließung neuer großer Märkte etwa in Süd- und Südostasien oder in Lateinamerika viele Jahre. Die manchmal von der Politik und den Medien beschworene Entwicklung der Märkte in Afrika erfordert Vorleistungen und langfristiges Engagement, bis sich die Investitionen auszahlen. Chinas Staatskonzerne und Privatunternehmen haben das seit drei Jahrzehnten vorgemacht und sind heute überall in Afrika fest etabliert (siehe Kapitel 5). Dagegen hat Europa wenig zur wirtschaftlichen Entwicklung und zum Ausbau der Infrastruktur in Afrika beigetragen, sondern ruiniert bis heute Afrikas Kleinbauern durch subventionierte EU-Agrarexporte und betreibt die neokoloniale Ausbeutung des Rohstoffreichtums. Eine schnelle Lösung, durch eine Fokussierung auf andere Weltregionen unabhängiger vom Absatzmarkt China zu werden, ist also nicht in Sicht.

Es geht ebenfalls an den Realitäten vorbei, China als Investitions- und Produktionsstandort für deutsche und europäische Unternehmen infrage zu stellen. Nach validen Prognosen wird die Wirtschaftsleistung der Volksrepublik in 25 bis 30 Jahren so hoch sein wie die gesamte Wirtschaftsleistung der USA und Europas zusammen. China wird also die unbestrittene wirtschaftliche Weltmacht, sollte nicht eine von den USA losgetretene große militärische Konfrontation Chinas Aufstieg stoppen.

Zudem sind die Lieferketten zwischen China und Europa längst etabliert und werden u.a. durch die Projekte der Neuen Seidenstraße immer effizienter. Außerdem stimmen in China die gesellschaftlichen und juristischen Rahmenbedingungen der Profitmacherei – vom Schutz des geistigen Eigentums bis zur Vorzugsbehandlung für ausländische Investoren bei der bürokratischen Regulierung. Aber noch wichtiger und in Europa noch nicht verstanden: Die Volksrepublik ist ein Weltzentrum für viele Schlüsseltechnologien – von Künstlicher Intelligenz bis zu »grünen« Technologien für etwa Solarenergie und Batterietechnik, die für die Umstellung der Volkswirtschaften auf nicht-fossile Brennstoffe elementar wichtig sind. Angesagt ist also »Lernen von China« anstatt Abkopplung, wenn die deutsche Industrie – von der Auto- und der Elektroindustrie bis zum Maschinenbau – weiter ihre technologische Spitzenstellung in der Welt halten will.

Schließlich steht China als Lieferant von Rohstoffen und Vorprodukten aktuell im Fokus der deutschen Politik und der Medien. Es geht da unter anderem um die sogenannten Seltenen Erden oder auch um den Rohstoff Polysilicon u.a. für die Herstellung von Solarzellen. Seltene Erden, eine Gruppe von Metallen wie Neodym oder Lanthan, gibt es an vielen Stellen der Welt in der Erdkruste. Diese Metalle werden für Magneten, Bildschirme, Leuchtstofflampen etc. eingesetzt. Die Förderung und Extraktion ist aber ein extrem aufwendiger und dreckiger Prozess. Deshalb ist in den USA und in den meisten anderen reichen Industrieländern die Förderung und Verarbeitung aus Kostengründen und wegen der Umweltbelastung schon lange komplett eingestellt bzw. gar nicht erst betrieben worden. Bislang ist China mit den Bergbauzentren in der Inneren Mongolei (nicht zu verwechseln mit der Volksrepublik Mongolei, die an China und Russland angrenzt) mit über 80% der weltweiten Förderung im Jahr 2018 bislang neben Australien und Kanada der Hauptlieferant der Seltenen Erden. Der Rohstoff Polysilicon wiederum ist eine sehr reine Form von Silizium und der Grundstoff für die Produktion von Solarzellen, bei denen vor vielen Jahren Deutschland den Weltmarkt dominierte und jetzt von China abgelöst wurde. Polysilicon wird hauptsächlich in der chinesischen Provinz Xinjiang aus den dortigen Sandvorkommen destilliert.

Tatsächlich hat die Volksrepublik gegenwärtig bei den Seltenen Erden und bei Polysilicon eine monopolistische Position, weil andere Länder aus Kosten- und Umweltgesichtspunkten nicht in die Förderung investiert haben. Aber diese selbst geschaffene Abhängigkeit trifft alle Länder im reichen Westen und nicht nur Deutschland. Natürlich gibt es hier Ansatzpunkte für politischen und wirtschaftlichen Druck: So prüft die chinesische Regierung als Antwort auf den von den USA gestarteten Chipkrieg gegen China, die Exporte von Solartechnologie in die USA zu beschränken. Damit wäre Bidens »Green New Deal« in Gefahr, der mit hunderten Milliarden US-Dollar den energetischen Umbau der USA fördern soll.

Wie steht es insgesamt um Deutschlands Abhängigkeit von China im Vergleich zu anderen Ländern? Nach einer 2023 erschienenen Studie des Instituts der deutschen Wirtschaft (IW) ist die deutsche Industrie als Lieferant und Abnehmer tatsächlich weniger abhängig von China als andere Länder. Der Studie zufolge verzerren die hohe Abhängigkeit einzelner Konzerne vom dortigen Absatzmarkt und eine hohe Rohstoffabhängigkeit von China den Blick auf das Gesamtbild. Die Studie analysierte die Abhängigkeit der deutschen Industrie von chinesischen Vorleistungen und verglich sie mit den Lieferungen aus dem Ausland insgesamt.[1] Das Fazit der Studie: »Insgesamt ist China als Lieferant und Abnehmer von Vorleistungen für die deutsche Industrie im Durchschnitt zwar bedeutsam, aber nicht in einem überragenden Ausmaß.« Die Industrien Japans oder der USA sind deutlich stärker abhängig von Importen aus der Volksrepublik. Ausnahme sind die Elektroindustrie und die Branche für elektronische und optische Erzeugnisse. Bei diesen Branchen kommen gut 16% bzw. 19% aller importierten Vorleistungen aus

---

1 www.handelsblatt.com/politik/international/globalisierung-wie-abhaengig-ist-die-deutsche-wirtschaft-von-china/28935214.html?utm_source=sf&utm_medium=nl&utm_campaign=hb-schlagzeilen&utm_content=23012023&tm=login.

Abb. 5: Chinas Anteil an Vorleistungen in %

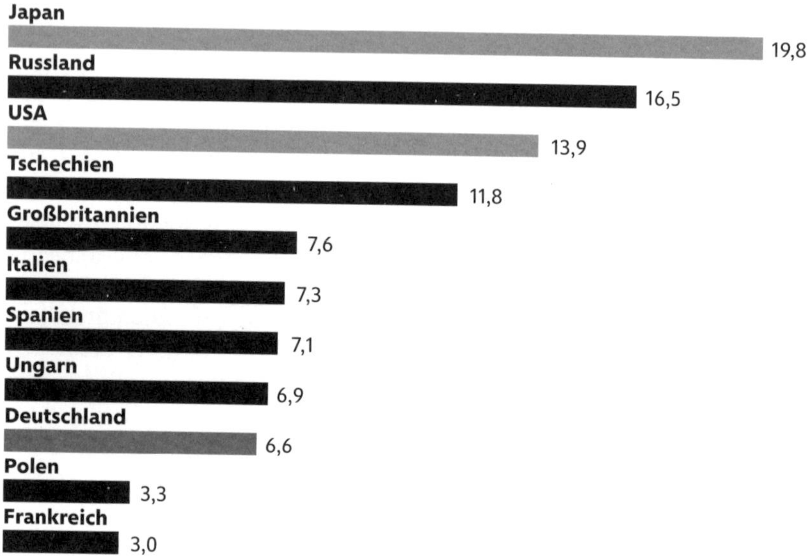

Quelle: Handelsblatt

China, das bekanntlich inzwischen das Weltzentrum der Elektronikindustrie ist. Auch beim Export ist die deutsche Industrie in der Gesamtbetrachtung nicht übermäßig auf China als Absatzmarkt angewiesen. Nach der Studie hingen 2018 im Industriedurchschnitt gut 5% der Arbeitsplätze direkt und indirekt am Export von Waren und Dienstleistungen dorthin. Das liegt natürlich auch daran, dass viele Unternehmen für den Absatzmarkt China direkt vor Ort produzieren.

In einer im Februar 2022 veröffentlichte Kurzstudie hat der Chef des Kieler Instituts für Weltwirtschaft die deutschen und die US-amerikanischen Direktinvestitionen in China verglichen.[2] Danach folgen die Direktinvestitionen aus den USA und aus Deutschland ganz unterschiedlichen Mustern: Während sich die deutschen Investments in Chinas Industrie konzentrieren, liegt der Schwerpunkt der US-Investitionen dort und in Ostasien insgesamt im Dienstleistungssektor, zu dem auch die IT-Konzerne und die Internet-Plattformen gehören. Aber weil Chinas Dienstleistungssektor stark reguliert ist, weil zudem ausländische, d. h. US-Internet-Plattformen vom dortigen Internet praktisch ausgeschlossen sind, weil zudem eigene Plattformen wie Tik-

[2] Rolf J. Langhammer: Reluctant US vs Ambitious German Direct Investment in China, Kiel Policy Brief, Februar 2022.

Tok, WeChat etc. selbst sehr stark sind und weil schließlich die US-Auslandsinvestitionen immer mehr auf Sicherheitsbelange der USA überprüft werden, hielt sich der Anstieg der US-Direktinvestitionen insgesamt sehr in Grenzen. Ausgerechnet um die wachstumsstärksten und dynamischsten Volkswirtschaften der Welt haben die US-Investoren einen Bogen gemacht und vor allem in Europa investiert!

Dagegen sind aber die in der chinesischen Industrie konzentrierten hohen deutschen Auslandsinvestitionen nach dem Fazit des Kieler Ökonomen den Prioritäten der chinesischen Staatsplanung und Industriepolitik ausgesetzt, und damit auch dem Risiko, dass es Diskrepanzen zwischen den Zielen der deutschen Unternehmenszentralen und der chinesischen Konzerntöchter geben kann. Zu den Aufgaben der deutschen und europäischen Politik sollte es gehören, durch einen selbstbewussten, aber partnerschaftlichen Umgang mit der Volksrepublik derartige Konflikte möglichst auszuschließen.

Das gescheiterte Investitionsabkommen EU–China

Seit 2013 haben die EU und China über ein Investitionsabkommen namens Comprehensive Agreement on Investment (CAI) verhandelt. Es ist seit Ende 2020 fertig ausverhandelt und liegt seitdem auf Eis. Aus chinesischer Sicht belegt das die mangelnde strategische Autonomie Europas und den großen Einfluss der US-Politik auf die Entscheidungen in Europa.

Eigentlich hatten Deutschland und die anderen großen EU-Mitgliedsstaaten und die europäischen Kapitalgruppen großes Interesse an diesem Abkommen. Es sollte nicht nur die riesigen europäischen und insbesondere deutschen Investitionen in China schützen, sondern auch den ungehinderten Marktzugang der europäischen Konzerne in vielen Branchen und gleiche Konkurrenzbedingungen mit den chinesischen Mitbewerbern sichern. Bisher geltende Auflagen, dass europäische Konzerne in bestimmten Branchen nur in Gemeinschaftsunternehmen mit chinesischen Staatskonzernen operieren und damit u.a. den Schutz ihrer Betriebsgeheimnisse nicht sicherstellen konnten, sollten ganz fallen. Europäische Kapitalgruppen konnten jetzt in E-Mobilität, in Telecom-Gesellschaften, im Gesundheitssektor und in Finanzdienstleistungen investieren (Financial Times, 24.12.2020). Europas Versicherungskonzerne wie die Allianz, die bislang mit jeder chinesischen Provinz Extra-Zulassungen ausverhandeln musste, bekamen jetzt freien Marktzugang.

Außerdem erklärte sich China bereit, den ILO-Konventionen gegen Zwangsarbeit und für die Vereinigungsfreiheit beizutreten. Eine Öffnung des öffentlichen Beschaffungswesens in China für die Konkurrenz konnten die europäischen Unterhändler in den Verhandlungen aber nicht erreichen. Der eigentliche Schutz der wechselseitigen Investitionen und ein Schutzmechanismus für Investoren bei Streitigkeiten sollten in späteren Verhandlungen vereinbart werden.

Vor allem von der Bundesregierung unter Angela Merkel waren die Verhandlungen forciert worden. Die chinesische Regierung ihrerseits hatte an dem Abkommen großes Interesse, weil sie sich von dem verstärkten Wettbewerb aus Europa mehr Druck auf die eigenen Staatskonzerne erwartete. Zudem wollte sie das Abkommen vor dem Amtsantritt des US-Präsidenten Joe Biden Anfang 2021 in trockenen Tüchern haben. Zugleich gab es in den chinesischen sozialen Medien nationalistisch geprägte Kritiken an dem Abkommen, weil damit der westliche Einfluss auf die Wirtschaft zunehme.

Die USA ihrerseits haben das Abkommen systematisch hintertrieben. Jake Sullivan, Bidens Berater für die nationale Sicherheit, bat noch kurz vor Unterzeichnung die EU-Kommission, das Abkommen nicht zu unterzeichnen. Die Financial Times (5.1.2021) schäumte, Europa habe China einen strategischen Erfolg ermöglicht. Dabei konnten die EU-Unterhändler glaubhaft darlegen, dass sie in den Verhandlungen nur Zugeständnisse bekommen hatten, die China schon vorher den USA gemacht hatte bzw. die diese gar nicht gefordert hatten, wie die Unterzeichnung der ILO-Konventionen.

Alle Hinweise, dass die EU in den Verhandlungen mit China nicht westliche Werte verraten und auch kein Tafelsilber verscherbelt habe, nutzten nichts. Die USA gewannen den diplomatischen Streit. Denn das Europäische Parlament weigert sich bis jetzt (Stand Frühjahr 2023), das Abkommen zu ratifizieren, solange China einige Europa-Parlamentarier wie den Grünen-Politiker und erklärten China-Feind Reinhard Bütikofer mit Sanktionen belegt hat. Die Sanktionen waren wiederum eine Reaktion auf EU-Sanktionen gegen chinesische Offizielle, die in die angebliche Unterdrückung von Uiguren in Xinjiang verwickelt waren.

Chinas Interesse an einem eigenständigen Europa

Ende Januar 2023 hatten die USA die japanische und die niederländische Regierung so stark unter diplomatischen Druck gesetzt, dass sie sich schließlich an den Sanktionen im Chipkrieg gegen China beteiligten. Konkret geht es um Spezialmaschinenbauer ASML, Nikon und Tokyo Electronics, die bislang Chinas aufstrebende Chipindustrie mit teuren Anlagen beliefert und damit viel Geld verdient haben. Für die betroffenen Unternehmen sind die wirtschaftlichen Einbußen massiv und die Aussichten auf Kompensationen gering. Doch die Regierungen haben entschieden, beim US-Wirtschaftskrieg mitzuspielen, und wollen die notwendigen Gesetze für den Ausfuhrstopp schnellstens vorbereiten. Details sind aber noch unklar und damit auch die Frage, ob und wie diese Ausfuhrstopps umgangen werden können.

Wahrscheinlich war auch die EU in diese Entscheidungen eingebunden. Indirekt ist mit dem Ausfuhrstopp für ASML-Maschinen auch Deutschland Partei im Chipkrieg gegen China, denn wichtige Komponenten für die teuren Spezialmaschinen von ASML (Stückpreis bis zu 150 Mio. €) wie die Optik (Zeiss) und die Laser (Trumpf) kommen aus Deutschland.

Wirtschaftliche Gegenmaßnahmen aus China sind noch nicht bekannt. Aber die Beteiligung der Niederlande an den US-Sanktionen ist ein weiterer Rückschlag für die chinesischen Anstrengungen, ein eigenständiges Europa als festen Partner zu gewinnen. Das Interesse an der Rolle Europas und Deutschlands ist aus geopolitischer Sicht ganz klar: Die Volksrepublik tritt für eine neue multipolare Weltordnung ein und braucht dafür ein starkes, geeintes Europa als Partner angesichts der wachsenden Bedrohung durch die USA. Der chinesische Parteichef und Staatspräsident Xi Jinping brachte das beim virtuellen Gipfel zwischen der EU und China am 1. April 2022 deutlich zum Ausdruck. Seine Kernaussage an die Adresse der EU: Europa solle endlich selbständiger werden (Financial Times, 2.4.2022). Diplomatisch war dieser Gipfel kein Meisterstück der EU und brachte keine substanziellen Ergebnisse. Denn die EU hatte die lange vereinbarte Tagesordnung der Tagung, die ursprünglich im Herbst 2021 live in Leipzig stattfinden sollte, unter dem Eindruck des Ukraine-Krieges kurzfristig umgeschmissen – sehr zum Missfallen der chinesischen Seite. Die Europäer drangten diese zu einer klaren Stellungnahme gegen die russische Invasion der Ukraine und begriffen nicht, dass China sich durch die USA besonders bedroht fühlt, ebenso wie Russland die NATO-Osterweiterung als eine Bedrohung seiner Sicherheit empfand. China vergleicht die NATO-Expansion in Osteuropa mit den geopolitischen US-Initiativen und -Allianzen im Indopazifik wie QUAD und AUKUS in seiner unmittelbaren Nachbarschaft. Außerdem betont die chinesische Regierung, man sei im Ukraine-Konflikt weder Kriegspartei noch Teil des Konflikts. Die Volksrepublik versucht gegenüber Russland, der Ukraine, Europa und den USA eine Balance zu wahren, und macht laut Aussagen des chinesischen Botschafters in den USA, Qin Gang, deutlich, es gebe »keine verbotene Zone in der Kooperation zwischen China und Russland. Aber unsere Basis sind die Grundsätze und Prinzipien der UN-Charta«.

Schließlich beweist der Ukraine-Krieg aus chinesischer Sicht, dass die europäischen Regierungen und die EU nicht unabhängig von den Vereinigten Staaten sind. Die Europäer seien sich nicht darüber im Klaren, dass die transatlantische Blockpolitik wieder auferstanden ist. Die bedeute in letzter Konsequenz den Verlust der europäischen Autonomie in internationalen Fragen.

Daher ist China in Asien und im Pazifik mit der US-Eindämmungspolitik konfrontiert, während gleichzeitig Europa das Ziel eigenständiger Beziehungen mit China aufgebe. (The Diplomat, 29.3.2022)

Aber China wird dennoch an seiner langfristig angelegten Politik, auf ein starkes, eigenständiges Europa zu setzen, festhalten – trotz der Tendenz, dass das Militärbündnis NATO und die EU unter Führung der USA immer mehr zusammengehen. Gleichzeitig setzt es schon seit Langem auf bilaterale Abkommen mit einzelnen europäischen Staaten und Staatengruppen. Das ist eine nachvollziehbare Politik angesichts der unterschiedlichen Interessenlagen, der massiven wirtschaftlichen Ungleichgewichte in Europa und der immer wieder hochkochenden wirtschaftlichen und finanzpolitischen Widersprüche im Staatenbund EU – manifestiert etwa in den Stammtisch-Parolen der deutschen und der niederländischen Politik über den »sparsamen, fleißigen Norden« und den »verschwenderischen Süden«.

So startete China während der Finanzkrise des Westens nach 2009 die sogenannte 17+1-Initiative mit 17 Staaten aus Zentral- und Osteuropa, darunter auch langjährige EU-Mitgliedsstaaten wie Griechenland, die von der EU-Kommission als Spaltungsversuch interpretiert wurde, weil es sich damit in »klassische« US-amerikanische und deutsche Einflusssphären eingemischt habe und damit deren Vorherrschaft konterkariere.

Dass diese chinesische Initiative in Mittel- und Südosteuropa überhaupt Einfluss gewinnen konnte, sagt viel aus über die Versäumnisse der europäischen EU-Politik bei der wirtschaftlichen und sozialen Integration dieser Staaten. Ein Beispiel ist die von der Euro-Zone erzwungene Privatisierung der griechischen Flughäfen und des staatseigenen Hafens Piräus. Der einzige Bieter für den Hafen war der chinesische Staatskonzern Cosco. Seit dem Einstieg der Chinesen 2015 ist Piräus von Platz 10 auf Platz 4 unter den europäischen Containerhäfen vorgerückt. Ein anderer Fall von typisch europäischer Doppelzüngigkeit, die chinesische Investitionen beklagt, aber von Europas jahrzehntelangen Versäumnissen nicht redet, ist die von China finanzierte und derzeit gebaute Schnellbahn-Trasse von Budapest nach Belgrad. In Zukunft soll die Trasse bis nach Athen verlängert werden. Damit finanziert das vergleichsweise arme China dringend notwendige Infrastruktur und die wirtschaftliche Integration des reichen Europas.

Aus chinesischer Sicht zielt die 17+1-Initiative vorrangig auf die Geschäfte in Mittel- und Osteuropa und die Umsetzung des eurasiatischen Projekts der »Neuen Seidenstraße«. Die politischen Erwartungen, die damit verbunden sind, lassen sich mit dem Grundsatz der chinesischen Außenpolitik beschreiben: Nichteinmischung in die inneren Angelegenheiten anderer Länder. China wird seine Politik, auf eine starke unabhängige EU zu setzen und zugleich bilaterale und multilaterale Beziehungen weiter auszubauen, angesichts der zunehmenden Bedrohung durch die USA fortführen, auch wenn sich etwa die baltischen EU-Mitgliedsstaaten vermutlich unter dem Einfluss der USA inzwischen aus der Initiative verabschiedet haben.

Die Erwartungen an eine größere strategische Autonomie Europas kollidieren mit dessen Kleinteiligkeit und neoliberalen Dogmen vom Freihandel und vom Wettbewerb. Sowohl Deutschlands als auch Chinas Volkswirtschaften sind exportgetrieben und haben große externe Sparüberschüsse. Aber die Volksrepublik hat eine konsistente Strategie, die ihre Industriepolitik mit der Außen- und Sicherheitspolitik verbindet. Statt Defizitabbau hätten die EU und vor allem Deutschland als wirtschaftliches Schwergewicht in der Union in Zukunftstechnologien investieren sollen. Aber das würde geostrategisches Denken erfordern und eine ungefähre Vorstellung davon, wo Europa in 20 Jahren stehen soll.

Im Unterschied dazu nutzen die USA wie auch China ihre wirtschaftliche Stärke dazu, ihren geopolitischen Einfluss zu vergrößern. Eine besondere Rolle dabei spielen Schlüsselindustrien oder Technologie-Netzwerke. Die EU hat dagegen jahrzehntelang keine aktive Industriepolitik betrieben, der Markt sollte alles richten. Brüssel und die EU-Mitgliedsländer müssen deshalb das Verhältnis zwischen selektivem Protektionismus und Offenheit für Handel und Investitionen neu justieren. Gefordert ist eine aktivere strategische Industriepolitik im Hinblick auf Geopolitik, Digitalisierung und Dekarbonisierung – so die gewerkschaftsnahen Wissenschaftler um Sebastian Dullien vom IMK (IMK Policy Brief 130, September 2022).

»Wir haben es hier mit einem verzerrten Wettbewerb zu tun. ›Made in China 2025‹ zielt auf Schwerpunkttechnologien, in denen China die bisherigen Marktführer ersetzen will. Das aber nicht im offenen Wettbewerb, sondern mit einer ganzen Batterie nicht wettbewerbskonformer Instrumente [...] China ist eine Ökonomie, die stark auf Staatseingriffen beruht – da kommen wir mit Freihandelsfolklore nicht weiter.« (Sebastian Heilmann, in: IP Wirtschaft 3/2019) Grundsätzlich würden viele Europäer zu kleinkariert denken, so Heilmann, und die digitale Transformation in Einzelelementen betrachten: hier eine neue Technologie, da ein neues Geschäftsmodell, ein neuer Börsengang, ein neues Förderprogramm. Für Chinas Regierung aber leite die Digitalisierung eine neue Phase der Geschichte ein: Auf die vom Westen dominierte Industriegesellschaft folge die digitale Zivilisation, bei dieser neuen Stufe der Geschichte wolle China sich an die Spitze und damit weltweit Standards setzen. Auch deshalb engagiert sich China in so vielen Überseemärkten.

USA und EU wollen Zeitenwende gegenüber China

Im Koalitionsvertrag der Ampel-Regierung haben Grüne und FDP ein Bekenntnis zum demokratischen System Taiwans und für die Ausweitung der Beziehungen zu der Insel verankert. Das Thema Taiwan gehört damit erstmals seit 50 Jahren zur offiziellen Agenda einer Bundesregierung und ist eine bewusste Provokation Chinas. Dagegen hat die chinesische Regierung durch ihren Vertreter in Berlin protestiert, denn laut chinesischer Verfassung ist die Insel ein Teil Chinas, was sowohl international anerkannt wie auch die völkerrechtlich vorherrschende Betrachtung ist. Offiziell wird diese »Ein-China-Politik« nicht nur von Deutschland, sondern weiterhin auch von Washington verfolgt. Sie war seit 1972 wesentlicher Bestandteil deutscher Politik, ob dies nun der amtierenden Außenministerin passt oder nicht.

In ihrem Ministerium wird an einer neuen China-Strategie gefeilt, die im Wesentlichen der von der US-Regierung im Herbst 2022 vorgestellten National Security Strategy[3] folgen dürfte. Sie besagt im Kern, dass Chinas weiterer Aufstieg mit allen Mitteln gestoppt werden muss, solange die USA und der Westen noch über die entsprechenden Druckmittel verfügen – wie etwa das führende Know-how in der Halbleiterentwicklung. Unter dem Motto, dass »wir uns nicht mehr von Autokratien« abhängig machen dürfen, wird die wirtschaftliche Verflechtung mit China beklagt und eine zumindest teilweise Abkopplung gefordert. Man dürfe sich von keinem Land mehr existenziell abhängig machen, das unsere Werte nicht teilt, so Annalena Baerbock. Das bedeute zwar nicht komplette Abkopplung, die bei einem der größten Länder der Welt nicht gehe, aber »Aufgabe von verantwortungsvoller Wirtschaft, […] erst recht Politik ist es, nicht zuzulassen, dass wir vielleicht in einigen Jahren wieder in die Situation geraten, diesmal Chemie- und Autokonzerne mit Steuermilliarden retten zu müssen, weil sie sich auf Gedeih und Verderb von dem chinesischen Absatzmarkt abhängig gemacht haben.« (Süddeutsche Zeitung, 13.10.2022)

Die Diskussionen um eine neue deutsche und europäische Politik gegenüber China werden begleitet von einem schrillen Chor von Experten, die eine Zeitenwende anmahnen. So verlangt der frühere australische Premierminister und Sinologe Kevin Rudd: »Die Deutschen werden in den nächsten Monaten die sehr grundlegende Entscheidung treffen müssen, ob sie ihre Politik gegenüber Peking unverändert fortsetzen wollen, ob sich also Volkswagen oder Siemens immer weiter in die Abhängigkeit Chinas bege-

---

[3] www.whitehouse.gov/wp-content/uploads/2022/10/Biden-Harris-Administrations-National-Security-Strategy-10.2022.pdf&ved=2ahUKEwidtdajxPH6AhWGXvEDHTedDrg-QFnoECBgQAQ&usg=AOvVaw19DlapTAhvGcM69GEkBs86.

ben. Oder ob man einen Kurs fährt, der die politischen Kosten stärker berücksichtigt.« (Spiegel, 15.10.2022) Xi wolle den Rest der Welt abhängig machen von Exporten nach China.

Ähnlich äußerte sich Mikko Huotari, der Direktor des Berliner Merics-Instituts, eines Thinktanks zur Beratung der deutschen und europäischen China-Politik: Das Land wolle die Welt beherrschen, für die USA sei diese Gefahr beherrschbar, weil die USA Großmacht »können«, die EU dagegen könne mit der chinesischen Machtpolitik nicht umgehen, weil sie keine normale Großmacht, sondern eine »normative« Macht sei. Die EU wirke durch Regeln, positive Beispiele etc., habe aber keine Chance und Stärke gegen Chinas Willen, zur dominierenden Macht in Eurasien zu werden. »Ich glaube, wir müssen begreifen, dass die vertiefte Verflechtung mit China zum Risiko wird [...] ich sehe China auf der anderen Seite. Wir sind gut beraten, viel genauer auf strategische Abhängigkeiten zu schauen und endlich verstärkt in europäische Alternativen und Diversifikation zu investieren [...] Dazu müssen auch Dinge wie Halbleiter- und Batterieproduktion oder Wasserstoffentwicklung wieder in Europa stattfinden [...] Wir brauchen eine viel stärkere Transparenz auf Unternehmensebene mit Blick auf deren Verflechtung mit China oder autokratischen Staaten generell. Es wäre der strategischen Resilienz Deutschlands zuträglich zu wissen, wie groß diese Abhängigkeiten sind.« (Süddeutsche Zeitung, 30.3.2022)

Schon 2019 hatte der Bundesverband der Deutschen Industrie BDI in einem Dokument[4] China erstmals als »systemischen Rivalen« bezeichnet. Das Land sei nicht mehr nur Partner und Wettbewerber in der Konkurrenz auf den Weltmärkten, die Erwartungen an eine Konvergenz, an eine Annäherung und eine Liberalisierung des Systems (»Wandel durch Handel«) seien gescheitert. Vielmehr habe das Land ein anderes »Betriebssystem«. China wolle als staatskapitalistisch organisierter Konkurrent mit seiner »Made in China 2025«-Strategie der deutschen Industrie die Butter vom Brot nehmen, gleichzeitig würde die Vorherrschaft auf wichtigen Technologiefeldern wie im Bereich Künstliche Intelligenz angestrebt.

Auch die EU-Kommission definierte China 2020 als »systemischen Rivalen«. Die Abstempelung der Volksrepublik als »strategischer Rivale« hat Konjunktur und ist offen für die Qualifizierung als direkten Gegner und Feind. Dagegen erklärte fast zeitgleich der DIHK, der Dachverband der deutschen Industrie- und Handelskammern, zur wirtschaftlichen Verflechtung mit China gebe es für die deutsche Wirtschaft keine Alternative.

Sicher ist: Die Diskussion um den künftigen Umgang Deutschlands und der EU mit dem aufstrebenden China wird weitergehen, denn es geht um

---

4 https://bdi.eu/publikation/news/china-partner-und-systemischer-wettbewerber/.

die Neuaufteilung der Einflusssphären in der Welt. Die absteigende Supermacht USA hat sich längst festgelegt: China ist der neue Hauptfeind, dessen weiterer Aufstieg mit allen wirtschaftlichen, politischen und militärischen Mitteln unterbunden werden muss. Dazu gehören auch Allianzen mit den europäischen Verbündeten. In dem US-Kalkül spielt dabei Deutschland als das wirtschaftlich stärkste und politisch einflussreichste Land in der EU eine entscheidende Rolle.

Doch aus Sicht der deutschen Unternehmen, die für die viertgrößte Volkswirtschaft der Welt stehen und zusammen mit der EU sogar den zweitgrößten Wirtschaftsblock repräsentieren, stellt sich der weitere Umgang mit China anders dar: Können die deutschen Kapitale, die ihre starke Weltmarktposition u.a. den Profiten aus dem China-Geschäft verdanken, durch weitere Verflechtung mit China ihre Position in der innerimperialistischen Konkurrenz stärken? Können sie sich damit wirtschaftlich und schrittweise auch politisch gegenüber den USA verselbständigen? Und können sie dabei gleichzeitig den »systemischen Rivalen« China in die Schranken weisen und weitere Zugeständnisse für das in China investierte deutsche und europäische Kapital herausholen?

Chinas Kollaps oder China als Partner?

Für den Westen, aber insbesondere für Europa und für die US-Verbündeten im Indopazifik wie Japan und Südkorea, stellt sich in den Beziehungen zu China zugespitzt die Frage: Was sind eigentlich die Ziele ihrer Politik? In den USA ist die Entscheidung längst gefallen: Für die All-Parteien-Koalition in Washington, die politische Öffentlichkeit und die Medien muss der weitere Aufstieg Chinas unbedingt gestoppt werden, deswegen ist Abkopplung angesagt. Die USA könnten auch ohne größere wirtschaftliche Verflechtung mit dem Rest der Welt und speziell China bestehen, Isolationismus war schon früher eine US-Option. Aber für Europa sieht das anders aus, hier funktionieren Abschottung und Isolation nicht.

In den Szenarien für die nächsten Jahrzehnte wird für China manchmal ein dramatischer Einbruch der Volkswirtschaft vorausgesagt. Ist eine große Krise in China oder gar der Zusammenbruch des Landes das eigentliche Ziel auch der EU? Die Frage ist nicht unerheblich, denn die EU hat China ebenfalls zum systemischen Rivalen erklärt. Die britische Regierung will China sogar offiziell als Bedrohung für das Vereinigte Königreich titulieren, als ob das Land nach dem Brexit nicht genügend eigene Probleme hätte. Wenn ein Land wie China offiziell zum Feind oder zum systemischen Rivalen erklärt wird, von dem gar eine Bedrohung ausgeht, wie sollen dann politische und mediale Eliten in den westlichen Ländern noch ernsthaft befürworten, dass dieses »Feind«-Land trotzdem weiter kräftig wachsen soll?

Offensichtlich gibt es Widersprüche und Ungereimtheiten in den Debatten des Westens um China. Denn es gibt starke Argumente dafür, dass die weitere Entwicklung und das wirtschaftliche Wachstum des Landes für den Westen selbst von elementarer Bedeutung sind. Als inzwischen – je nach Berechnung – größte oder zweitgrößte Volkswirtschaft ist das Land ein Schwergewicht der Weltwirtschaft. Nach chinesischen Statistiken ist es schon für 120 Länder der größte Handelspartner. Wenn China in eine Rezession schlittert, dann wird vermutlich die ganze Welt von einer Rezession erfasst. Sollte es einen Zusammenbruch des chinesischen Finanzsystems geben, weil etwa die gigantische Immobilienblase platzt, dann hätte dieses Beben Auswirkungen auf das weltweite Finanzsystem.

Zudem stellen sich ein paar moralische Fragen: Finden wir es richtig, dass 1,4 Milliarden Chinesen, die meisten von ihnen noch relativ arm, wieder ärmer werden anstatt wohlhabender? Und wollen wir, dass auch viele Millionen Menschen in Afrika und Lateinamerika ärmer werden, weil die Nachfrage und die Investitionen aus China einbrechen, die kritisch für das wirtschaftliche Überleben ihrer Länder sind? Dass solche Fragen überhaupt gestellt werden müssen, zeigt die aktuelle Konfusion und die Hirnlosigkeit der China-Debatten in den westlichen Hauptstädten und die Gefährlichkeit von Strategien, die in letzter Konsequenz auf einen Zusammenbruch Chinas spekulieren. Darauf hat auch die Financial Times (4.1.2023) hingewiesen.

Anders als im Kalten Krieg gegen die Sowjetunion, deren wirtschaftlicher Austausch mit dem Westen begrenzt war, ist China voll in die Weltwirtschaft integriert und auf das Engste mit anderen Ländern verflochten. Im internationalen Vergleich ist das Land seit der Jahrtausendwende wahrscheinlich einer der Hauptprofiteure der Globalisierung, ohne die es das chinesische Wirtschaftswunder mit zeitweilig zweistelligen Wachstumsraten nicht gegeben hätte. Deshalb betreibt die Volksrepublik aktiv die wirtschaftlichen Verflechtungen und die mit diesen verbundene Angleichung der Lebensverhältnisse ihm Rahmen der Globalisierung, ohne zugleich damit die politischen Systeme des Westens zu übernehmen.

In den Diskussionen um den Umgang mit China gibt es im Westen vereinfacht gesagt zwei diametral entgegengesetzte politische Strategien: eine Vorstellung, die auf der Globalisierung basiert. Dagegen steht eine neue Weltsicht, nach der die Großmächte um die Vormacht in der Welt ringen. Der Aufstieg der einen Macht ist zugleich der Abstieg der anderen Macht – ein Nullsummen-Spiel. Beim Ersten auf der Globalisierung basierenden Modell steht die wirtschaftliche Verflechtung im Zentrum. China bezeichnet das als eine Win-win-Kooperation, bei der alle Beteiligten gewinnen, so Xi Jinping beim WEF-Treffen in Davos 2017, denn Stabilität und Wachstum sind gut für alle. Die Globalisierung fördere zudem internationale Zusammenarbeit etwa bei schwierigen Themen wie dem Klimaschutz.

Nach der neuen Sichtweise im Westen wird China immer bedrohlicher, immer gefährlicher, je reicher es wird, denn es habe militärisch erheblich aufgerüstet und bedrohe mit territorialen Ansprüchen u.a. Indien, Taiwan, Japan, die Philippinen und andere Länder und somit den Frieden in der Welt und die Prosperität. China muss also unbedingt gestoppt werden, was auch am Beispiel seiner Haltung zum Ukraine-Krieg und zum Bündnis mit Russland deutlich werde, denn auch dort würden Großmächte um Einflusssphären und Dominanz ringen.

Aber ganz so einfach sind die strategischen Alternativen der USA und der westlichen Verbündeten natürlich nicht. Denn ein China, dessen weitere Entwicklung blockiert wird, könnte ebenso eine Gefahr für eine stabile Weltordnung sein. Deshalb sollten sich die Politiker im Westen nicht fragen, ob China scheitern oder weiter wachsen soll. Wichtiger wäre die Frage, wie Chinas Aufstieg begleitet und seine weitere Entwicklung mit dem Ziel einer stabilen Weltordnung positiv beeinflusst werden könnte. Die Frage so zu stellen, vermeidet auch, die Politik des Westens gegenüber China auf möglichen Entwicklungen zu fundieren, auf die westliche Politiker und Strategen letztlich keinen Einfluss haben. Für Amerikaner oder Europäer wäre es unklug anzunehmen, dass China auf einen Kollaps zusteuert, und auf Basis dieser fragwürdigen Annahme auch die eigene Politik auszurichten. Ebenso wenig kann China seine Amerikapolitik die Annahme stützen, dass die USA zusammenbrechen werden. Denn sowohl China als auch die USA stehen vor substanziellen Herausforderungen, die ihre Gesellschaften im Inneren erheblich belasten können. Insofern wäre es für jede Seite unklug, eine solche Entwicklung als wahrscheinlich zu unterstellen.

Statt zu versuchen, China ärmer zu machen oder seinen weiteren Aufstieg mit allen Mitteln zu blockieren, sollte der Westen sich auf das internationale Umfeld konzentrieren, in dem sich ein reicheres Land entwickeln könnte. Das Ziel sollte eine neue Weltordnung sein, die für die Volksrepublik eine vom Westen unterstellte aggressive internationale Politik unattraktiv macht.

Dieser Ansatz hat militärische, technologische, wirtschaftliche und diplomatische Elemente. Die USA sind zwar erfolgreich dabei, gegen Chinas militärische Ambitionen ihr weltweites Netz von Sicherheitsbündnissen und Stützpunkten weiter auszubauen. Sie wollen außerdem verhindern, dass China der Vorreiter bei den Standards für Zukunftstechnologien wird. Aber die US-Verbündeten haben eigene wirtschaftliche Interessen. Das macht die Koordination für dieses Ziel viel schwieriger, zumal die Partner mit einer massiv protektionistischen US-Wirtschafts- und Technologiepolitik nach der Devise »America first!« konfrontiert sind, die sich auch gegen sie richten könnte. Auf wirtschaftlichem Gebiet und im Handel sind die USA gegenüber China deutlich im Hintertreffen. Der zunehmende US-Protektionismus und die Unfähigkeit der USA, in Asien neue Handelsabkommen abzuschließen, machen ihre Offerten noch weniger attraktiv.

Außerdem geht es um den Kampf der Ideen. Wie der Ukraine-Krieg gezeigt hat, bewerten viele Länder der Welt die Motive des Westens äußerst skeptisch – auch wenn sie den russischen Angriffskrieg verurteilen. Die westliche China-Politik ist nur dann international glaubwürdig, wenn sowohl die USA wie die EU klar und eindeutig erklären, dass sie nicht verhindern wollen, dass China sich entwickelt und reicher wird. Dementsprechend müssen sie ihre Politik korrigieren und neu ausrichten. Umgekehrt wird die Volksrepublik weiterhin deutlich machen müssen, dass sie ihren wachsenden Wohlstand nicht dafür nutzen wird, Nachbarn zu bedrohen oder Handelspartner einzuschüchtern.

Kapitel 5
China, Afrika & der Globale Süden

Kurz bevor die Corona-Pandemie 2020 den afrikanischen Kontinent erreichte, machte der damalige US-Außenminister Mike Pompeo eine Drei-Länder-Tour dort. Seinen Gastgebern in Äthiopien erklärte er, sie sollten sich vor autoritären Regimen und ihren leeren Versprechungen in Acht nehmen. China überziehe den afrikanischen Kontinent mit Schulden, beschlagnahme seine Vermögenswerte, raube seine Bodenschätze und schmiere seine Ausbeutung mit Bestechung. Die afrikanischen Zuhörer dürften über Pompeos Anschuldigungen, die sie auch schon von seiner Vorgängerin im US-Außenministerium Hillary Clinton gehört hatten, geschmunzelt haben. Denn die Anschuldigungen sind eine treffende Beschreibung vieler Jahrzehnte des westlichen Kolonialismus.

Für die US-Regierung ist Afrika heute ein weiteres strategisches und ideologisches Schlachtfeld im neuen Kalten Krieg gegen China. Das postkoloniale Gehabe der USA und die rassistisch geprägte Verachtung für Afrika haben System. Der frühere US-Präsident Donald Trump bezeichnete afrikanische Staaten einmal als »Shithole countries«. Die Rede ist von einem Kontinent mit dem schnellsten Bevölkerungswachstum, derzeit 1,3 Milliarden und bis 2050 ca. zwei Milliarden Menschen, dem Kontinent mit der jüngsten Bevölkerung und einem Durchschnittsalter von 19 Jahren (im Vergleich Europa mit 43 Jahren). Als 2018 sein damaliger Sicherheitsberater John R. Bolton eine neue Afrika-Strategie vorstellte, wurde in dem Dokument China 14-mal erwähnt, Russland immerhin noch 6-mal. Die beiden größten Volkswirtschaften des afrikanischen Kontinents, Südafrika und Nigeria, kamen in dem Dokument überhaupt nicht vor (Financial Times, 29.12.2018).

Europas Afrikapolitik ist auch nicht besser. Die EU und die früheren europäischen Kolonialmächte behandeln die afrikanischen Staaten als Hinterhof, dessen Rohstoffe sie sich aneignen und in denen sie ihre Agrarüberschüsse günstig absetzen können. Dabei untergräbt der Export europäischer Agrarprodukte die Entwicklung einer eigenständigen Landwirtschaft in den afrikanischen Ländern. Vor allem gilt Afrika – vor allem, aber nicht nur in den Medien – als Quelle der Instabilität und des Terrorismus. Gegen die Menschen, die von dort nach Europa kommen wollen, wird die »Festung Europa« fortlaufend ausgebaut, von den Außengrenzen der EU bis tief ins Hinterland der nordafrikanischen Länder.

Europas Miss- und Verachtung für den afrikanischen Kontinent dokumentiert sich auch in der deutschen regierungsoffiziellen Reisetätigkeit. So hatte

Bundeskanzler Gerhard Schröder in seiner Amtszeit niemals Afrika besucht. Angela Merkel war von 2005 bis 2021 insgesamt fünfmal in Afrika. Wirtschaftsminister Robert Habeck besuchte 2022 Namibia (in Kolonialzeiten: Deutsch-Südwest), um dort einen Deal zur Hydrogenerzeugung auf den Weg zu bringen, bei dem nur der geringste Teil in dem Land verbleiben soll. Für den energie-intensiven Produktionsprozess soll Steinkohle aus Südafrika geliefert werden. Mamphela Ramphele, Co-Chefin des Club of Rome, bezeichnete das in einem Interview als »neokolonial« (taz, 3.2.2023).

Dass jetzt in Europa die Befürchtungen über Chinas Rolle in Afrika wachsen, kommentiert der kongolesische Wirtschaftsexperte Boniface Mabanza im Misereor-Magazin (2/2020) des katholischen Hilfswerks für Entwicklungszusammenarbeit wie folgt: »Offensichtlich löst China in der Wahrnehmung der Europäer große Angst aus. Bei dieser Angst schwingen bis heute unbewusst oder bewusst rassistische Theorien mit. Ganz unten stehen in dieser Theorie schwarze Menschen, denen das Menschsein abgesprochen wird. Das rechtfertigt Kolonialismus und Neokolonialismus bis heute. Auch die Chinesen gelten innerhalb dieser rassistischen Ordnung als minderwertig. Das löst eine Irritation aus: Wie kann es sein, dass die Chinesen, die irgendwie unter uns stehen, sich jetzt in unserem Vorgarten austoben, in Afrika?«

Die neokoloniale Verachtung des Westens ist in Afrika nicht unbemerkt geblieben. Als die EU 2018 zu einer Afrika-Konferenz nach Brüssel einlud, erschienen gerade mal drei (!) afrikanische Staatschefs. Beim China-Afrika-Forum über Zusammenarbeit im September 2018 in Beijing waren dagegen 54 afrikanische Regierungen und mehr afrikanische Staatschefs als bei der UN-Vollversammlung vertreten.

Der kenianische Journalist Patrick Gathara schreibt zu dem inhärenten Rassismus in der gegenwärtigen internationalen Ordnung und zu den Hindernissen für Nationen mit einer schwarzen Bevölkerungsmehrheit: »Im Prinzip sind alle Nationen gleich souverän. Die Realität ist ganz anders. Es gibt eindeutig eine rassistische Hierarchie, mit den weißen Nationen an der Spitze, die Nationen Schwarzafrikas ganz unten. Die Situation des afrikanischen Kontinents auf der internationalen Ebene hat viele Parallelen mit der der schwarzen US-Amerikaner, eine Geschichte politischer und ökonomischer Marginalisierung und Ausbeutung. Der Kontinent mit 1,3 Milliarden Menschen stellt 54 der 193-UN-Mitgliedsstaaten, aber hat keinen ständigen Sitz im UN-Sicherheitsrat. Wirtschaftlich rangiert Afrika südlich der Sahara ganz unten in den globalen Indizes für Wohlstand und Handel, obwohl zu Afrikas Bodenschätzen auch ein Fünftel der globalen Goldvorkommen gehört. Ein UN-Panel über illegale Finanzflüsse aus Afrika bezifferte die jährlichen illegalen Finanztransfers aus dem Kontinent auf ca. 70 Mrd. $, die meistens in den Westen fließen […] Aus den Ländern Afrikas südlich der Sahara verlassen von jedem geliehenen Dollar 50 Cent noch im gleichen Jahr wieder den Kontinent […] Afrikas Platz in der internationalen Hierarchie spiegelt sich in der Sprache des internationalen Diskurses und in den herablassenden und paternalistischen Beziehungen der entwickelten Länder zu den Entwicklungsländern. Diese Sprache definiert Europa als den Standard, den andere Länder erreichen müssen […] Die Ideologie der ›Entwicklung‹ ist der neue Name für die ›zivilisierende Mission‹ des Kolonialismus und rechtfertigt weiterhin viele der gleichen Heucheleien und Zumutungen.« (Financial Times, 24.6.2020)

Engagement in Afrika: Kontinent in der Schuldenfalle?

Es gibt kein anderes Land als China, das auf dem afrikanischen Kontinent derartig engagiert ist. Das gilt sowohl für die Breite der Aktivitäten in vielen Staaten wie für die Tiefe des Engagements. China ist Afrikas größter Handelspartner, der größte bilaterale Gläubiger und Kreditgeber sowie eine Hauptquelle für Infrastrukturinvestitionen. Chinesische Firmen produzieren etwa ein Achtel des gesamten Industrieprodukts von Afrika. Die von chinesischen Telekom-Konzernen gebaute digitale Infrastruktur ist die Grundlage der Plattformen, auf denen die Menschen in Afrika miteinander kommunizieren.

Die jüngere Geschichte der Beziehungen zwischen Afrika und China lässt sich in drei Phasen unterteilen. Im Kalten Krieg nach dem Zweiten Weltkrieg lieferte China Wirtschaftshilfe, konstruierte Eisenbahnen, baute Parlamentsgebäude und exportierte vielleicht auch etwas Maoismus. Der Kern der Beziehungen war politisch. China sah in den gerade unabhängig gewordenen afrikanischen Staaten potenzielle Verbündete. Als 1971 die UN-Vollversammlung mit großer Mehrheit dafür votierte, dass China statt der Republik China (Taiwan) den Sitz in der UN und im UN-Sicherheitsrat einnehmen sollte, unterstützten 26 afrikanische Länder die Volksrepublik. Mao sagte: »Es sind unsere afrikanischen Brüder, die uns in die UN gebracht haben«.

Die zweite Phase seit den 1990er-Jahren war durch wirtschaftliche Interessen bestimmt. Das boomende China brauchte Afrika, Öl und andere Rohstoffe wurden importiert. Chinas Kapitalüberschüsse gingen den anderen Weg. Die Volksrepublik wurde der bevorzugte Kreditgeber für die afrikanischen Regierungen.[1] Auf den Kontinent entfielen über die Hälfte der gesamten chinesischen Entwicklungshilfe-Projekte. Nur die USA leisteten noch mehr Entwicklungshilfe. Diese Periode prägt heute noch das Bild von den

---

[1] Axel Dreher et al.: Banking on Beijing: The Aims and Impacts of China's Overseas Development Program, Cambridge 2022.

chinesischen-afrikanischen Beziehungen, obwohl Barack Obama der letzte US-Präsident war, der Afrika besuchte.

Mit Xi Jinping hat eine neue Ära begonnen, der allein als Staatspräsident bislang bereits viermal Afrika bereiste (zuvor war er weitere fünfmal dort). Zwar ist Chinas staatliche Entwicklungshilfe an afrikanische Länder inzwischen absolut zurückgegangen. Es gibt jetzt weniger Großprojekte. Im Zentrum stehen Handel und Investitionen von chinesischen Unternehmen, also die Wirtschaft.

Der Westen ist über Chinas Aktivitäten in Afrika zunehmend alarmiert. Die USA und besonders die ehemaligen Kolonialmächte Europas sehen sich in einer Systemkonkurrenz mit China, der Kontinent ist ein Schauplatz ihrer Aktivitäten gegen die aufsteigende Weltmacht. Mal gilt China als riesengroße Baufirma, die den Kontinent mit Eisenbahnen und Straßen überzieht, mal als Wucherer, der die afrikanischen Staaten absichtlich in die Schuldenfalle treibt. Diese Stereotypen sind falsch und nicht durch die Fakten gestützt.

Im Rahmen der westlichen Konkurrenz mit China hat die Biden-Regierung 2022 ein Programm unter dem Namen »Build Back Better World« lanciert. Es soll auf der Basis von westlichen Werten Infrastrukturen in armen Ländern finanzieren. Auch die EU hat als Antwort auf Chinas Engagement in Afrika ein Programm aufgelegt: Global Gateway. Nach Aussagen der EU-Kommissionspräsidentin Ursula von der Leyen soll das Programm keine neuen Abhängigkeiten in Afrika schaffen. Beide Programme sind bislang knapp an Details, das der US-Regierung nur ein neues Label für schon existierende Programme.

Aber afrikanische Politiker mögen keinen Paternalismus, keine Bevormundung. Sie sind skeptisch über die wirklichen Motive der westlichen China-Kritik. Zudem wird im Westen nicht verstanden, dass die afrikanischen Regierungen oft keine andere Option haben, weil es für viele Projekte keine anderen Interessenten oder Kreditgeber gibt. Zudem stärkt es die Position der afrikanischen Regierungen, wenn sie mit mehreren Partnern verhandeln können.

Kein Wunder, dass China unter den meisten Afrikanern heute hohes Ansehen genießt. Das zeigt eine Umfrage von 2021 von Afrobarometer: 63% der Befragten hatten eine sehr gute oder insgesamt positive Einstellung gegenüber China, deutlich mehr als gegenüber den USA. Umfragen der Zeitschrift Economist (28.5.2022) vom April 2022 in sieben afrikanischen Ländern ergaben ähnliche Resultate. Aber die Umfrage von Afrobarometer zeigte gleichzeitig, dass die meisten Befragten mit Ausnahme von Äthiopien und Tansania das politische Modell Amerikas favorisieren. Die Afrikaner finden Chinas wirtschaftliches Engagement gut, bevorzugen aber demokratische Systeme.

Wie der Westen, so hat auch China seine Entwicklungshilfe für Afrika in den Jahren seit 2000 deutlich erhöht. Die Hilfe von China ist meist in Form von niedrig verzinsten bilateralen staatlichen Krediten geflossen statt als unverzinsliche, an Auflagen gebundene Entwicklungshilfe wie in den Programmen des Westens. Von 2000 bis 2020 haben staatliche chinesische Finanzinstitutionen insgesamt 160 Mrd. Dollar an afrikanische Regierungen ausgeliehen, zwei Drittel davon entfielen auf Infrastrukturprojekte. Von 2007 bis 2020 war Chinas Infrastrukturfinanzierung für die Länder südlich der Sahara zweieinhalb Mal so hoch wie die aller anderen bilateralen Institutionen zusammen.

China ist zwar ein großer Kreditgeber, aber nur in seltenen Fällen der größte Kreditgeber für einzelne afrikanische Länder. Nach einer Studie der John Hopkins University in Washington machten chinesische Kredite 17% der gesamten öffentlichen Verschuldung im südlichen Afrika aus. Das war mehr, als alle anderen bilateralen staatlichen Kreditgeber zusammen ausgeliehen hatten, aber weniger als der Anteil der Weltbank mit 19% oder der Anteil kommerzieller Anleihekäufer mit 30%. In nur sieben von 22 Ländern, die vom Internationalen Währungsfonds IWF als notleidende Schuldner klassifiziert werden, machen die Schulden an China mehr als ein Viertel der gesamten öffentlichen Verschuldung aus.

An der Diskussion über Chinas Schuldenfalle für Afrika ist also nichts dran. Seit einem Spitzenwert im Jahr 2016 hat China seine öffentlichen Kredite an afrikanische Regierungen reduziert. 2020 flossen gerade 1,9 Mrd. Dollar in öffentlichen Krediten an afrikanische Regierungen, der niedrigste Wert seit 2004. Nach jüngsten Daten[2] entfallen gerade mal 12% der externen Schulden der afrikanischen Regierungen auf staatliche oder private Kreditgeber aus China. Fast dreimal so viel, nämlich 35% entfallen auf private westliche Kreditgeber, z.B. Private-Equity-Fonds oder Hedgefonds. Die verlangen auch die höchsten Zinsen: im Schnitt 5% im Jahr 2021. Dagegen betrug der durchschnittliche Zins bei chinesischen Kreditgebern 2,7%, die Weltbank verlangte im Schnitt 1,3%. Wie die privaten Gläubiger mit den Regierungen hoch verschuldeter Länder umspringen, wenn Zahlungsausfall droht, war in den letzten Jahren etwa am Beispiel Argentiniens zu besichtigen. Bis 2029 werden über ein Drittel der gesamten externen Schulden afrikanischer Regierungen bei privaten Kreditgebern fällig.

Von den höchst verschuldeten afrikanischen Ländern ist deren Verschuldung bei chinesischen Gläubigern relativ geringer. Bei den 24 Ländern, die mehr als 15% ihrer Staatseinnahmen für den Schuldendienst aufwenden müssen, liegt der Median der Schuldenzahlungen an chinesische Kreditgeber bei 11%, dagegen bei 32% an private westliche Kreditgeber.

---

[2] Debt Justice, July 2022: who-african-governments-debt-is-owed to_media-Briefing_07.22.pdf, unter: debtjustice.org.uk/press-release/african-governments-owe-three-times-more-debt-to-private-lenders-than-china.

Das Bild ist für verschiedene Länder sehr unterschiedlich. In sechs der insgesamt 24 hoch verschuldeten afrikanischen Länder (Angola, Kamerun, Republik Kongo, Dschibuti, Äthiopien, Sambia) entfallen über 33% des gesamten Schuldendienstes auf China, aber in 14 von 24 afrikanischen Ländern jeweils weniger als 15%. Dagegen sind die westlichen privaten Gläubiger, in deren Händen ein Großteil der Staatsschuld der afrikanischen Länder liegt, fast überall. Auf sie entfallen 33% der externen Verschuldung in den meisten Ländern mit dem höchsten Schuldendienst, wo die jährlichen Zinszahlungen einen besonders großen Teil der Staatseinnahmen auffressen. In nur sieben von den untersuchten 24 afrikanischen Ländern entfallen weniger als 15% des Schuldendienstes auf private westliche Kreditgeber.

Gegen China steht der Vorwurf im Raum, dass es mit Absicht mehr Geld ausleiht, als die afrikanischen Empfängerländer jemals zurückzahlen können, damit könne es sich günstig die Vermögenswerte der Empfängerländer aneignen. Die Entwicklung von Chinas staatlichen Auslandskrediten, die Kreditkonditionen und auch die Restrukturierungen notleidender Kredite sprechen jedoch eine andere Sprache. Das Volumen der staatlichen Auslandskredite inklusive der Kredite der staatlichen Banken hat sich nach einer Studie des Kieler Instituts für Weltwirtschaft[3] auf über 700 Mrd. $ im Jahr 2019 erhöht (Economist, 13.7.2019). China ist damit der weltgrößte staatliche Kreditgeber. Das Volumen seiner offiziellen Auslandskredite ist doppelt so groß wie das von Weltbank und IWF zusammen. Zugleich taucht etwa die Hälfte der in der Studie erfassten offiziellen Finanzflüsse aus China nicht in den Daten von Weltbank und IWF auf, was auch für chinesische Kredite an die auf der »Schwarzen Liste« des Westens stehenden Länder wie Kuba, Nordkorea, Venezuela, Iran oder Zimbabwe gilt.

Nach den Autoren der Studie vermeidet China direkte Finanzflüsse an Staaten und deren Regierungen. Das Geld geht stattdessen an chinesische Auftragnehmer, damit die Regierungen der Empfängerländer es nicht anderweitig verwenden. Dieser Kooperationsmodus, der sich vom Ansatz der westlichen Regierungen und Rohstoffkonzerne unterscheidet, bringt nach dem Urteil eines OECD-Experten Vorteile für Afrika (Süddeutsche Zeitung, 22.7.2011). »Statt mit dem simplen Abpumpen von Devisen haben wir es mit einem komplexen Tauschhandel zu tun. Ein von der chinesischen Regierung beauftragtes Bauunternehmen – das üblicherweise einen Kredit von der China Exim Bank erhält – unternimmt nach Einwilligung des Empfängerlandes Infrastrukturarbeiten. Diese Infrastrukturarbeiten wiederum bezahlt das Empfängerland mit Rohstoffexporten, indem es Kapitalbeteiligungen an

[3] Zur Studie: Sebastian Horn/Christoph Trebesch/Carmen Reinhart: Chinese Overseas Lending, NBER Working Paper No. 26050.

der nationalen Ölgesellschaft oder direkt Schürfrechte gewährt [...] China bündelt also seine Rohstoffförderung in Afrika an Investitionszusagen, die weitestgehend an den lokalen Behörden vorbeifließen. Dementsprechend lässt sich die Zweckentfremdung der Rohstoffeinnahmen [...] leichter vermeiden, weil die Regeln des Tauschgeschäfts den sofortigen Verbrauch der Rohstoffrenten durch Kleptokraten erschweren. Es steht ebenso zu vermuten, dass die konfliktträchtige Auseinandersetzung um diese Renten gebremst wird, wenn der entsprechende Cash-Anteil und die Anzahl der eingebundenen Behörden reduziert werden. Die starke chinesische Präsenz vor Ort erleichtert zudem die Überwachung der Projekte.« David van Reybrouck kommt in seinem lesenswerten Buch »Kongo«,[4] das von den Gräueln der belgischen Kolonialgeschichte bis zur aktuellen Plünderung dieses Landes durch die westlichen Rohstoffkonzerne handelt, zu einer ähnlichen Bewertung des Vorgehens chinesischer Konzerne.

Die 50 größten Empfängerländer sind bei China mit durchschnittlich 17% ihrer Wirtschaftsleistung (BIP) verschuldet. Oft dienen Rohstofflieferungen als Sicherheit. Die von der chinesischen Regierung verlangten Kreditzinsen sind im Vergleich zwar etwas höher und die Laufzeiten der Kredite etwas kürzer als bei den westlichen staatlichen Kreditgebern. Nach der Kieler Studie hat China aber seit 2000 bilateral in über 140 Fällen eine Restrukturierung bzw. den Teilerlass der Kredite verhandelt. Die Volksrepublik ist nicht Mitglied im sogenannten Pariser Club, in dem die Regierungen des Westens ihre Kreditforderungen an Empfängerländer bündeln und Umschuldungen aushandeln, oft mit einer Verschärfung der Auflagen verbunden.

Für Chinas Kreditvergabe an andere Staaten gilt ebenso das Prinzip der Nichteinmischung in die inneren Angelegenheiten. Soweit man das von Kreditbeziehungen überhaupt sagen kann, ist es eine Begegnung auf Augenhöhe anstelle väterlicher, moralisierender Belehrungen über Menschenrechte bei gleichzeitiger Verhängung von Daumenschrauben wie neoliberalen Sparprogrammen nach dem »Washington Consensus«. Die Kritik aus Europa und den USA lautet, dass China Investitionen ohne Vorbedingungen finanziert und damit »Schurkenregimes« unterstützt. Als vor Jahren im Sudan ein Bürgerkrieg tobte, der schließlich zur Abspaltung des Süd-Sudan führte, ergriff China anders der Westen nicht Partei und unterhielt weiterhin Beziehungen zu dem diktatorischen Regime im Sudan.

Die westliche Kritik an Chinas Afrikapolitik steht auf brüchigem Boden. Denn westliche Afrikapolitik hat niemals Menschenrechtsverletzungen oder Bürgerkriege verhindert – am Ende haben immer Ausbeutungsinteressen die offiziell erklärten guten Absichten konterkariert.

---

[4] David Van Reybrouck, Kongo: Eine Geschichte, Suhrkamp, Berlin 2012.

Aus China kommen inzwischen etwa 20% der gesamten öffentlichen Finanzflüsse an afrikanische Staaten. Zwischen 2006 und 2017 flossen knapp 10 Mrd. $ aus China nach Kenia. Die Kreditvergabe durch chinesische Institutionen erfolgt sehr schnell und dauert bis zur Genehmigung manchmal nur fünf Tage (Handelsblatt, 16.11.2012), während westliche Förderbanken oft Jahre brauchen. 2018 entfiel von der gesamten Staatsverschuldung Kenias 72% auf China, 8-mal mehr als auf den zweitgrößten Gläubiger Frankreich. Der zweitgrößte Empfänger von chinesischen Krediten für die Finanzierung von Infrastrukturprogrammen ist ausgerechnet das rohstoffarme Äthiopien. Nach Äthiopien floss mehr als das Doppelte an Krediten als etwa in den ölreichen Sudan oder in den rohstoffreichen Kongo. Größter Empfänger von öffentlichen Finanzflüssen aus China ist Angola mit seinen Ölvorkommen.

Nach Untersuchungen der amerikanischen Wissenschaftlerin Deborah Braeutigam[5] ist die westliche Erzählung unhaltbar, dass China absichtlich mehr Geld ausleiht als die Empfängerländer zurückzahlen können. In den westlichen Medien wird dafür auch nicht ein Beispiel aus Afrika, sondern meist das chinesische Hafenprojekt Hambantota in Sri Lanka angeführt. Der Hafen ist in chinesischer Hand, weil Sri Lanka die Kredite nicht mehr bedienen konnte. Für die US-Wissenschaftlerin ist es von insgesamt 3.000 von ihr untersuchten chinesischen Projekten der einzige Fall, in dem der chinesische Kreditgeber die Sicherheit kassiert hat (Economist, 29.6.2019).

Bei dem alle drei Jahre stattfindenden Forum der China-Afrika-Kooperation 2018 verwahrte sich Staatspräsident Xi Jinping gegen die westlichen Behauptungen einer chinesischen Schuldenfalle für Afrika: »Es ist allein die Angelegenheit des chinesischen Volkes und der Völker Afrikas zu beurteilen, ob die Kooperation zwischen China und Afrika gut ist oder nicht.« Bei der Konferenz sicherte China den afrikanischen Staaten insgesamt weitere 60 Mrd. $ an Beihilfen, niedrig verzinslichten Krediten, Finanzinvestitionen und Handelsfinanzierung zu. Dabei fährt China das Volumen des Regierungsprogramms zurück, während chinesische Firmen mehr investieren. Außerdem kündigte Xi Erleichterungen bei der Schuldenbelastung afrikanischer Staaten an. Ein Signal, dass die chinesische Regierung als Gläubiger untragbare Kreditlasten unbedingt vermeiden will.

In China gab es über diese Großzügigkeit massive Kritik in den sozialen Medien, über die die Financial Times bereits am 5.9.2018 berichtete: Warum kann China, das selbst Schulden hat und wo es dringende Aufgaben im eigenen Land gibt, so viel im Ausland ausgeben? Mit 60 Mrd. $ könne man drei Jahre lang alle Ausgaben des Erziehungsministeriums finanzieren.

---

[5] Deborah Brautigam (2009): The Dragon's Gift: The Real Story of China in Africa. Oxford: Oxford University Press, 2009.

»China ist auch ein armes Land [...] Gibt es ein Land auf der Welt, das China 60 Mrd. $ Entwicklungshilfe geben kann?« Die chinesische Zensur sperrte alsbald diese Kritik.

Sinnvolle Infrastruktur oder »weiße Elefanten«?

Die Kritik des Westens, dass China in Afrika überteuerte, teilweise sinnlose Projekte finanziert und damit die Empfängerländer überschuldet, steht auf tönernen Füßen. Hunderte Jahre weißer europäischer Kolonialismus haben einen Kontinent hinterlassen, der bis heute nicht zusammengewachsen ist. Die westliche Entwicklungshilfe nach dem Ende des Kolonialismus hat daran nichts geändert.

Der innerafrikanische Handel ist das beste Beispiel: 2016 entfielen gerade einmal 14% des Außenhandels der afrikanischen Staaten auf den Handel untereinander, die Nachbarländer spielen wirtschaftlich bis heute keine große Rolle. Die afrikanischen Staaten exportieren hauptsächlich nach Europa, China, in die USA etc. Dort kaufen sie auch ein. Zum Vergleich: Auf den Binnenhandel zwischen den EU-Staaten untereinander entfielen 2017 65% (!). Die von den westlichen Kolonialmächten hinterlassenen extrem einseitigen Wirtschaftsstrukturen in Afrika – Extraktion von Rohstoffen und Agrarprodukten ohne Weiterverarbeitung, kaum verarbeitende Industrien – und Verkehrswege, die hauptsächlich dem Abtransport der Rohstoffe dienen, sind für dieses krasse Missverhältnis verantwortlich.

Bis heute existiert kein innerafrikanisches Straßen- oder Bahnnetz, das diesen Namen verdient und das wirtschaftliche Zusammenwachsen des Kontinents ermöglicht. Bei den Bahnen gibt es unterschiedliche Spurweiten, es fehlt ein standardisiertes Signalsystem. Die meisten Trassen sind noch von den Kolonialmächten gebaut. Für Flugreisen innerhalb Afrikas galt bis vor wenigen Jahren, dass die schnellste Flugverbindung zwischen zwei Staaten über London oder Paris, also die Hauptstädte früherer Kolonialmächte, führte. Erst die Ethiopian Airlines haben mit chinesischer Unterstützung erfolgreich ein innerafrikanisches Flugnetz aufgebaut.

Weitere Hindernisse für die wirtschaftliche Integration Afrikas sind Bürokratie und Zölle, großenteils Relikte der Kolonialzeit, die viele künstliche Staatsgebilde mit willkürlich gezogenen Grenzen und ohne Rücksicht auf Sprachen und Ethnien hinterlassen hat. Afrika zerfiel 2017 in 14 unterschiedliche Freihandelszonen. Eine Zoll-Transaktion in Afrika erforderte 2017 durchschnittlich 40 Dokumente, über 20 verschiedene Parteien waren involviert.

Nach den Beschlüssen der Afrikanischen Union soll der innerafrikanische Handel bis zum Jahr 2050 auf 50% des gesamten Außenhandels steigen.

Auch hier ist die Unterstützung durch China ein Faktor: Die afrikanischen Staaten haben 2016 ein Programm für ein Bahnnetz beschlossen, das endlich den ganzen Kontinent erschließen soll. Geplant sind vier Nord-Süd-Bahntrassen und sechs Ost-West-Trassen durch den afrikanischen Kontinent. Das erste voll elektrifizierte Teilstück (656 km) einer Ost-West-Verbindung vom Hafen Djibouti in die äthiopische Hauptstadt Addis Abeba ist schon in Betrieb, von China gebaut und finanziert. Im Oktober 2016 haben die Afrikanische Union und China als Hauptvertragspartner einen Fünf-Jahres-Plan unterzeichnet, zu dem u.a. Machbarkeitsstudien und die mögliche Finanzierung gehören (New African, 2/2017). Wie alle Investitionen in Infrastruktur sind das langfristige Investments, die sich für China erst in Jahrzehnten rechnen, kurzfristig sind sie natürlich ein Konjunkturprogramm für die chinesische Bau- und Eisenbahnindustrie. Eine vergleichbare westliche Initiative, zusammen mit der Afrikanischen Union die Infrastruktur systematisch zu entwickeln und damit das Zusammenwachsen des Kontinents zu ermöglichen, gibt es nicht.

In den Hauptstädten des Westens haben die politischen Klassen realisiert, dass China ihre Pfründe in Afrika bedroht. Die chinesische Konkurrenz stärkt die Position der afrikanischen Staaten, im westlichen Diskurs werden dessen Aktivitäten in die gleiche Schublade gepackt wie die Jahrhunderte lange Ausbeutung Afrikas durch den Westen. Es ist in Berlin, Brüssel, London, Paris oder Washington schlicht unvorstellbar, dass China mit seiner Wirtschaftsstärke nicht als neo-koloniale Macht dort auftritt. Es sei eine neue imperiale Macht, die Afrikas Menschen und Bodenschätze ebenso ausbeute, wie früher die Kolonialmächte. Wenn dringend benötigte Infrastruktur aufgebaut werde, dann müssten sich afrikanischen Staaten dafür überschulden. Und viele Projekte seien »weiße Elefanten« mit keinem oder geringem gesellschaftlichen Nutzen. Profitieren würden nur chinesische Baukonzerne, die wiederum hauptsächlich Arbeiter von dort beschäftigen. Außerdem paktiere China überall mit korrupten Kleptokraten und schere sich nicht um Menschenrechte, werfe damit Afrikas Entwicklung zurück.

Solche Vorwürfe werden auch von manchen afrikanischen NGOs und Oppositionellen geäußert. So zitiert die Süddeutsche Zeitung (29.11.2018) einen Vertreter der Opposition in Sambia: »China ist sehr destruktiv. Wer profitiert außer den chinesischen Unternehmen und unseren Politikern? Wir haben als Bürger nur wenig Vorteile […] in zehn Jahren müssen wir alles reparieren.« Im September 2018 trugen Demonstranten in der sambischen Hauptstadt Lusaka Transparente mit Aufschriften wie »Wem gehört das Land?« und T-Shirts mit dem Aufdruck »#sayno2china«.

Zweifellos gibt es Beispiele für überteuerte oder schlecht gemanagte chinesische Projekte, die kaum Arbeitsplätze für die lokale Bevölkerung geschaffen haben, ebenso Fälle von maßlosen Kreditbelastungen bei chinesischen Gläubigern oder für miserable Arbeitsbedingungen und Kinderarbeit beim Rohstoffabbau für chinesische Bergbaukonzerne.

Die größten Profiteure der Expansion in Afrika sind Chinas Baukonzerne. Der nigerianische Konzern Dangote Cement, der dem reichsten Mann Afrikas gehört, hat einen Milliardendeal mit einem chinesischen Partner geschlossen, um die Zement-Produktionskapazitäten auf 100 Mio. Tonnen pro Jahr zu steigern. Nach einer Studie der Weltbank zahlte Sambia für einen Straßenkilometer 360.000 $ an chinesische Firmen – das Doppelte des afrikanischen Durchschnitts. Oft wurden Projekte unrealistisch und auf Basis fantastischer Erwartungen kalkuliert: So war der von China projektierte neue Hafen Bagamoyo in Tansania für mehr Containerumschlag ausgelegt als der Hafen von Rotterdam, die Regierung hat das Projekt vorerst gestoppt, ebenso wie die Regierung von Sierra Leone in Westafrika, die den Bau eines neuen internationalen Flughafens aus Sorge über zu hohe Schulden einstellte.

Probleme wegen überhöhter Preise und einer schlechten Projektplanung gibt es auch bei der neuen Eisenbahntrasse vom kenianischen Hafen Mombasa zur Hauptstadt Nairobi, die den Güterverkehr von der überlasteten, ebenfalls von China gebauten Autobahn Mombasa-Nairobi abziehen sollte. Die Modernisierung der existierenden Schmalspurtrasse wurde verworfen, chinesische Ingenieure planten eine teurere, komplett neue Normalspur-Trasse. Der erwartete Güterverkehr auf der Strecke wurde zudem zu hoch geschätzt. Damit die Investitionen in die Bahnstrecke sich wenigstens teilweise rechnen, hat die kenianische Regierung verfügt, dass der gesamte Güterverkehr zwischen Hafen und Hauptstadt jetzt per Bahn abgewickelt wird.

Die 500 km lange Bahntrasse ist ein Projekt der kenianischen Regierung. Ein zweiter Abschnitt der Bahn bis zur Grenze nach Uganda ist teilweise fertig. Die bislang mit 4,7 Mrd. $ aus China finanzierte Bahnlinie soll künftig bis zum Victoriasee führen und Kenia mit Ruanda, Burundi, dem Südsudan und Äthiopien verbinden. Die staatliche chinesische Baufirma CRBC mit offensichtlich ungenutzten Überkapazitäten, witterte – ermuntert durch ihre eigene Regierung, diese zu einem Engagement in Afrika einzusetzen – einen lukrativen Kontrakt. Als einer der ersten afrikanischen Staaten ist Kenia dem chinesischen »One Belt, One Road«-Projekt (»Neue Seidenstraße«) beigetreten. In einem Interview mit der Financial Times äußerte der kenianische Präsident Kenyatta 2017 seine Besorgnis über das afrikanische Handelsdefizit mit China. Wenn die Win-win-Strategie funktionieren solle, müsse sich China auch für Afrika öffnen.

Die Probleme mit einzelnen Projekten in Afrika und die Kritik an unausgeglichenen Wirtschaftsbeziehungen sind bei der chinesischen Regierung angekommen. Der damalige chinesische Ministerpräsident Li Keqiang gestand »wachsende Probleme« ein. China hat offiziell bei der kenianischen Regierung wegen Korruptionsvorwürfen bei einzelnen Projekten nachgefragt (Economist, 29.6.2019), Außenminister Wang Yi erklärte, sein Land werde »auf keinen Fall dem ausgetretenen Pfad der westlichen Kolonialisten folgen«.

Als China in Djibouti den ersten Militärstützpunkt im Ausland seit dem Koreakrieg eröffnete, lautete die westliche Kritik, das Land wolle aus dem Indischen Ozean ein chinesisches Meer machen, mit weiteren kontrollierten Häfen in Pakistan, Sri Lanka oder Myanmar. Nach dem Vertrag mit Djibouti vom Sommer 2017 errichtet China in der direkten Nachbarschaft zur US-Basis einen Logistik-Hub für Marineboote, die vor allem ihre kommerzielle Flotte gegen Piraten sichern sollen. Außerdem ist dort eine Freihandelszone entstanden. Westliche Analysen kamen deshalb zu dem Ergebnis, dass es beim Aufbau von Häfen in Asien und Afrika im Kern um Handel geht und nicht um imperialistische Aggression (Economist, 8.6.2013).

Der Westen investiert noch mehr

Nach einer McKinsey-Untersuchung aus dem Jahr 2017, die die Wirtschaftsverflechtungen des afrikanischen Kontinents mit dem Rest der Welt nach den Dimensionen Handel, Auslandsinvestitionen, Wachstum, Infrastruktur-Finanzierung und Entwicklungshilfe untersuchte, lag China jeweils unter den Top vier Wirtschaftspartnern: »Kein anderes Land erreicht diese Tiefe und Breite des Engagements.« (Economist, 22.7.2017)

Im Jahr 2000 hatte der Handel zwischen China und Afrika ein Volumen von gerade einmal 10 Mrd. $, im Jahr 2014 hatte es sich schon mehr als verzwanzigfacht auf 220 Mrd. $. 2013 entfielen auf China ca. 15% des gesamten Außenhandels der afrikanischen Staaten. Das Land importiert im wesentlichen Agrarprodukte und Rohstoffe und liefert dafür Industrieprodukte. Noch schneller als mit China wuchs allerdings der Handel der afrikanischen Staaten mit Indien, der Türkei und Brasilien. Die Wirtschaftsbeziehungen Afrikas entwickeln sich zunehmend weg vom Westen und den alten Kolonialmächten und sind immer stärker »Süd-Süd«-orientiert.

Selbst wenn China inzwischen eine Spitzenposition bei den ausländischen Investitionen in Afrika erreicht hat, führt der Westen mit seinem über viele Jahrzehnte aufgebauten Bestand an Investitionen vor allem im Rohstoffsektor immer noch bei Weitem. Nach Angaben des Economist (9.3.2019) entfielen 2016 auf China nur 5% des gesamten ausländischen Investitionsbestandes in Afrika. Allein die US-Investitionen waren doppelt so hoch. »Die Behauptung, dass der überragende Anteil der Finanzierung aus China kommt und dass China den ganzen Kontinent kauft, ist inakkurat«, so die Feststellung des US-Ökonomen David Dollar. Ganz anders als im Westen gerne unterstellt wird, gehen auch nur 28% der chinesischen Direktinvestitionen in Afrika in die extraktiven Industrien. Dagegen haben es die USA vor allem auf die Bodenschätze Afrikas abgesehen. Zwei Drittel des Bestands an US-Direktinvestitionen in Afrika entfallen auf den Bergbau.

In der Demokratischen Republik Kongo haben sich chinesische Konzerne Anteile an den reichsten Vorkommen von Kupfer, Kobalt und anderen Mineralien gesichert. Diese Mineralien sind kritisch für den Umstieg auf erneuerbare Energien. Gleichzeitig ist das Riesenland China der weltgrößte Verbraucher vieler Rohstoffe, auf es entfallen allein etwa 40% des weltweiten Kupferverbrauchs. Seit 2012 haben chinesische Konzerne mindestens 8 Mrd. $ in Bergbauvorkommen im Kongo investiert. Der Staatskonzern China Molybdenum hat die Tenke-Kupfer- und Kobaltmine für 2,65 Mrd. $ gekauft. Die chinesischen Konzerne Zijin Mining und das Staatsunternehmen Citic Metal entwickeln zusammen mit einem US-Investor ein neues Gruben-Projekt im Kupfergürtel zwischen dem Kongo und Sambia (Financial Times, 31.10.2019).

Nach Angaben des kongolesischen Wirtschaftsexperten Mabanza hatte die DR Kongo schon bis 2009 mit China über einen Rahmenvertrag im Wert von 9 Mrd. $ verhandelt. Dabei ging es um die Ausbeutung von Erzvorkommen, die mit Infrastrukturprojekten bezahlt werden sollten. Aber die Weltbank und der IWF schalteten sich ein und nutzten die Verschuldung der DR Kongo bei den internationalen Institutionen, um die Regierung zu zwingen, auf den Rahmenvertrag mit China zu verzichten.

Im Westen sind die chinesischen Investitionen in Afrikas Rohstoffsektor umstritten, denn diese hätten die Verhandlungsmacht der afrikanischen Staaten verbessert. Die USA fürchten zudem eine potenzielle chinesische Kontrolle der Lieferketten für wichtige Metalle. Immer, wenn es dem Westen eigentlich ums Geld geht, sind Menschenrechte ein hilfreiches Argument. Obwohl die Arbeitsstandards und die Umweltbedingungen der meisten chinesischen Bergbauprojekte in Afrika vergleichbar denen von westlichen Rohstoffkonzernen sind, unterstützt China bislang keine nicht-staatlichen Transparenz-Initiativen im Bergbau und anderen extraktiven Industrien – und liefert damit Anlass für Kritik. Allerdings sind diese Initiativen rechtlich unverbindlich und oft »Greenwashing« für internationale Investoren, deren Umsetzung kaum kontrolliert wird. Internationale Vereinbarungen mit den afrikanischen Staaten würden Arbeits- und Umweltstandards mehr Geltung verschaffen.

Ein weiterer Vorwurf gegenüber China lautet zudem, dass es kleptokratische Regime in Ländern unterstützt, die unter dem »Ressourcen-Fluch« leiden. Damit ist gemeint, dass rohstoffreiche Länder wie z. B. Nigeria gerade deswegen wirtschaftlich stagnieren, weil ihre Eliten von den Rohstoff-Renten bestens leben und kein Interesse an Entwicklung und an der Weiterverarbeitung der Rohstoffe im Land haben. Die tatsächliche Sorge in den Hauptstädten des Westens und in den Chefetagen der meist in London sitzenden Bergbaukonzerne ist aber, dass sich durch den Eintritt Chinas in das weltweite Rohstoffgeschäft die Spielregeln massiv zugunsten der Länder mit Rohstoffvorkommen verschieben. Denn seit den Kolonialzeiten werden die besten und ertragreichsten Metallvorräte weltweit von Konzernen wie BHP, Rio Tinto und Anglo American kontrolliert. Was das praktisch bedeutet, zeigt das Beispiel Kongo: Dort hält Gecamines, die staatliche Bergbaugesellschaft des Kongo, zwar eine 20%-Beteiligung an allen Bergbauprojekten. Der Staatskonzern beklagt aber, dass die internationalen Bergbaukonzerne wie Glencore (Schweiz) oder Freeport (USA) praktisch keine Dividenden und keine Lizenzgebühren an den kongolesischen Staat ausschütten und dass die meisten Umsätze und Steuern zudem im Ausland anfallen.

Die Regel einer 20%-Beteiligung gibt es seit 2000. Damals hatten IWF und Weltbank dem Kongo auferlegt, die in den 1960er-Jahren nationalisierten Bergbauvorkommen des Kongo an internationale Konzerne zu verkaufen. Die würden dann die Projekte entwickeln und damit für regelmäßige Einnahmen sorgen. (Financial Times, 24.11.2016) Einnahmen sind aber kaum geflossen und Dividenden niemals, weil die Bergbaumultis zuerst ihre Investitionen wieder einspielen wollten. Diese behaupten, sie hätten immer ihre Steuern gezahlt. Einzelne Projekte sind derzeit vor internationalen Schiedsgerichten.

Jetzt will Gecamines zusammen mit dem chinesischen Staatskonzern China Nonferrous Metal Mining eine neue Kupfermine im Kongo entwickeln. Der chinesische Partner, der 51% hält und zwei Mrd. $ investiert, bekommt sein Investment über Kupferverkäufe zurück. Anschließend wird Gecamines das Projekt selbst weiterführen. Das ist das neue Modell, mit dem Regierungen rohstoffreicher Länder wie dem Kongo praktisch dazu gezwungen werden, wenigstens einen Teil ihres Rohstoffreichtums in Projekten zu entwickeln, die der Gesellschaft zugutekommen.

In Angola hat China den Ausbau von Infrastruktur, Schulen und Krankenhäusern gegen Ölexporte von täglich 10.000 Barrel über zwölf Jahre finanziert. 2007 bekam der Kongo einen 6 Mrd. $-Kredit, als Sicherheit diente ein Kupfer-Kobalt-Bergwerk, an dem China einen 68%-Anteil hielt.

Die Rolle chinesischer Privatunternehmen

Die Aufmerksamkeit des Westens konzentriert sich auf Chinas Investitionen in Afrikas Rohstoffvorkommen und Infrastruktur – und auf die chinesischen Staatskonzerne hinter diesen Investments. Inzwischen sind jedoch Hunderttausende, nach manchen Schätzungen sogar eine Million Chines*innen auf eigene Faust nach Afrika gezogen, um dort ihr Glück zu versuchen. Viele vergleichen die Geschäftschancen dort mit denen in China in den 1980er-Jahren, als Deng Xiaoping die Devise ausgab: Reich werden ist super! Solche Karrieren sind dort heute aufgrund viel strengerer regulatorischer Auflagen für Umweltschutz und Arbeitsbedingungen nicht mehr möglich.

Nach McKinsey-Daten waren schon 2014 mehr als 10.000 chinesische Firmen in Afrika aktiv, über 90% davon Privatunternehmen. Die berichteten von saftigen Gewinnen, manchmal hatte sich ihr Investment schon in weniger als einem Jahr ausgezahlt. Viele chinesische Privatunternehmer sagten, sie wollten wegen der guten Geschäftsaussichten weiter investieren (Economist, 22.7.2017).

Die chinesischen Privatunternehmer sind für Afrika mindestens so wichtig wie die großen Staatskonzerne, denn sie schaffen mehr lokale Jobs. Ihr Engagement hat größere soziale und wirtschaftliche Auswirkungen. Die Ansiedlung chinesischer Fabriken bietet erstmals die Chance auch für die Entwicklung einer industriellen Basis in Afrika, damit dessen Reichtümer gleich vor Ort weiterverarbeitet werden können, und der innerafrikanische Handel wichtiger wird als der Handel mit anderen Kontinenten und damit auch mit China. Beim chinesischen Handelsministerium, das Auslandsinvestitionen genehmigen muss, hatten Privatunternehmer von 2000 bis 2015 über tausend industrielle Projekte angemeldet – u.a. Glasproduktion, Stahlrecycling, Schuhproduktion, Keramik und Textilien.

Nach dem in China in den 1990er-Jahren erprobten Modell der Wirtschaftssonderzonen – abgegrenzten Gebieten mit administrativen und finanziellen Anreizen für Investoren – entstehen solche Gebiete auch in Afrika, z.B. in Nigeria. In einem ersten privaten chinesischen Investment bei Lagos haben sich 50 Unternehmen angesiedelt, darunter zwei Keramikproduzenten, ein Werk für Stahlrohre, ein Möbelhersteller, Baumaterialien, Recycling sowie Druckereien. Diese Wirtschaftssonderzone ist eine Enklave der Effizienz und Stabilität im notorisch chaotischen Nigeria nach dem Motto »Die Regierung stellt das Land, wir liefern das Geld, bauen die Fabriken, haben einen eigenen Zoll, eigene Polizei und eine eigene Stromversorgung.« Es gibt ein 5-Sterne-Hotel, einen Golfklub und einen Walmart. Demnächst sollen weitere Projekte in Nigeria entstehen. Der chinesische Botschafter erklärte der Financial Times (28.3.2019): »Nigeria hat die Voraussetzungen, eine Fabrik für die Welt zu werden.« Ein Vorteil Nigerias: zollfreie Exporte in die USA und die EU. Der private chinesische Entwickler will insgesamt zehn Wirtschaftssonderzonen in Afrika bauen.

Ob Wirtschaftssonderzonen nach dem einst vom IWF entwickelten Modell eine nachhaltige Entwicklung in Nigeria anstoßen können, ist allerdings fraglich, denn für eine industrielle Entwicklung gibt es massive Probleme: Alle Vorprodukte müssen bis heute importiert werden, weil ein industrielles Ökosystem bislang kaum existiert und die einst florierende Textilindustrie kaputt gegangen ist. Dafür haben unter anderem Importe auf sehr niedrigem Preisniveau aus China gesorgt, weil der Ölreichtum des Landes die nigerianische Währung über viele Jahre verteuert hatte. Außerdem sind Arbeitskräfte in Nigeria zwar billig, einige verfügen aber kaum über Elementarschulniveau. Hinzu kommen Korruption und eine Bürokratie, die manches verspricht, aber wenig davon umsetzt.

Es gibt andere Beispiele von privaten chinesischen Investoren, die die Industrialisierung Afrikas vorantreiben. So hat der Schuhhersteller Huajian, der u.a. Schuhe für die Marken Clarks und Tommy Hilfiger fertigt, in der äthiopischen Hauptstadt Addis Abeba ein Werk mit 10.000 Beschäftigten errichtet. Die Lohnkosten sind um 50% niedriger als in China und die Zollvorteile lohnend. Die chinesische Konkurrenz produziert bislang anderswo in Asien. Die privaten chinesischen Autohersteller Geely, Eigentümer auch von Volvo Cars und Volvo Trucks und Großaktionär bei Daimler, und Lifan betreiben bereits seit 2014 eigene Montagewerke in Äthiopien.

Der hierzulande völlig unbekannte Handyhersteller Transsion, der 2018 über 100 Millionen Handys verkaufte und aus Shenzhen, der Weltmetropole der Elektronik, stammt, hat unter der Marke Tecno spezielle Handys um 100 $ für den wachsenden afrikanischen Markt entwickelt. Die Geräte haben Slots für mehrere SIM-Karten, falls die Netzabdeckung des einen Providers nicht reicht, besonders lange Batterielaufzeiten und sind ausgelegt für verschiedenste afrikanische Sprachen wie Amharisch oder Suaheli. 2018 war Tecno in Afrika auf dem fünften Platz des Markenrankings, nach Coca Cola und noch vor Apple und Puma. Jetzt hat Transsion zwei Montagewerke in Äthiopien.

Wie andere chinesische Konzerne sieht Transsion in Afrika Geschäftsmöglichkeiten, während der Kontinent im Westen als ein Fall für die Caritas und für NGOs gilt und die meisten westlichen Konzerne abwesend sind. Dagegen nutzen die chinesischen Konzerne Afrika als Innovations- und Testzentrum für die Robustheit ihrer Produkte. Die chinesischen Telekommunikationsausrüster Huawei und ZTE haben praktisch im Alleingang Afrikas Mobilfunknetze aufgebaut (Financial Times, 10.10.2019). 2017 machte Huawei dort 15% des Weltumsatzes und trainierte jährlich 12.000 afrikanische

Techniker in Ausbildungszentren in Angola, Ägypten, Kenia, im Kongo, in Marokko, Nigeria und Südafrika.

Nach einer Studie von Forschern der Johns Hopkins-Universität sind übrigens 80% der Beschäftigten in chinesischen Projekten Afrikaner, auch wenn viele von ihnen eher gering qualifizierte Tätigkeiten ausüben. China will Beziehungen mit wechselseitigem Nutzen. Für die britische Wissenschaftlerin Jing Gu verfolgt China systematisch eine afrikanische Industrialisierungsstrategie. China »will in den nächsten 10 Jahren seine Niedriglohnproduktion nach Afrika transferieren.« (Financial Times, 14.6.2017) Der Vorwurf, dass chinesische Arbeitgeber in Afrika hauptsächlich chinesische Arbeitskräfte beschäftigen, stimmt also nicht. Sie verhalten sich nicht anders als andere Arbeitgeber.

Eine Studie der Londoner School of Oriental and African Studies hat insgesamt 76 Unternehmen, darunter 31 chinesische und nicht-chinesische Industrie- und Baufirmen in Äthiopien und Angola, zwei Top-Destinationen für chinesische Investments in Afrika, verglichen und dabei 1.500 Beschäftigte interviewt. Sie kommt zu dem Ergebnis, dass die negativen Vorurteile über chinesische Arbeitgeber meist falsch sind (Financial Times, 4.7.2019). Sie beschäftigen ebenso viele lokale Beschäftigte wie die anderen Firmen, zahlen vergleichbare Löhne und bilden nach vergleichbaren Standards aus, wenn auch die Ausbildung weniger formalisiert ist. In Äthiopien beschäftigen sie etwa 90% einheimische, in dem durch einen langen Bürgerkrieg zerrütteten Angola 74% lokale Arbeiter*innen. Allerdings sollten die staatlichen afrikanischen Auftraggeber ihren Auftragnehmern – ob aus China oder aus dem Westen – mehr Vorgaben für Ausbildung, Mindestlöhne, Arbeitssicherheit etc. machen, so ein Fazit der Studie.

Dagegen lautet die Botschaft der US-Administration: China habe einen neokolonialen Plan für Afrika. Aber die Volksrepublik hat keinen Masterplan für den Kontinent, auch wenn es ihn als Testfeld für seine internationalen wirtschaftlichen und politischen Ambitionen nutzt, um in diesem Umfeld mit wenig Risiko experimentieren zu können. Es gibt keine kohärente chinesische Afrika-Strategie, die in Peking definiert wurde, sondern eher Chaos mit vielen unterschiedlichen Akteuren, die ganz unterschiedliche Ziele verfolgen. Hunderttausende Chines*innen, die privat ihr Glück versuchen, haben andere Pläne als die chinesische Regierung. Die strebt freundschaftliche Beziehungen zu allen afrikanischen Regierungen an, was sich auch in den internationalen Organisationen auszahlt. Chinas Staatskonzerne im Rohstoffsektor wollen langfristige partnerschaftliche Lieferbeziehungen. Staatliche und private Baukonzerne oder Technologiefirmen wie Huawei wollen in erster Linie Geschäfte machen in einem Kontinent mit einer jungen, schnell wachsenden Bevölkerung und riesigen Wachstumschancen. Zudem haben sie den Markt fast für sich, weil die westliche Konkurrenz kaum präsent ist.

Für die bereits erwähnte amerikanische Wissenschaftlerin Deborah Braeutigam ist der Vorwurf eines chinesischen Neokolonialismus in Afrika deshalb überzogen: »Der Kolonialismus hat totale politische Kontrolle bedeutet, für China ist das politische Element eher leicht.« (Frankfurter Allgemeine, 31.1.2018) Nach ihrer Einschätzung ist Afrika für China vor allem ein Versuchsfeld für die weitere wirtschaftliche Expansion. Die Baukonzerne z.B. üben für Bauprojekte im oberen Mittelfeld, dort sind sie sehr wettbewerbsfähig. Wenn sie genug Expertise gesammelt haben, werden sie in Europa tätig werden.

Aus afrikanischer Perspektive bringt Chinas Präsenz bei allen Risiken einzelner Projekte und auch vieler Korruptionsfälle, die in China öffentlich diskutiert werden (Economist, 9.3.2019), handfeste Vorteile bei der Finanzierung und bei Ingenieurleistungen. Vor allem aber bringt die Volksrepublik für die afrikanischen Staaten endlich Wahlmöglichkeiten im Handel und in den wirtschaftlichen Beziehungen. Zwar hat der Westen inklusive Japan Milliarden an Entwicklungshilfe nach Afrika gepumpt, dabei aber seit den 1980er-Jahren den afrikanischen Staaten den ruinösen Washington Konsensus marktbasierter Entwicklung und Reformen vorgeschrieben und damit deren eigenständige Entwicklung hintertrieben.

Jeffrey Sachs, Ökonom von der Columbia-Universität in New York, beschreibt deshalb Chinas Engagement in Afrika als die »wichtigste Entwicklung für Afrika in dieser Generation« (Financial Times, 14.6.2017). Für den sambischen Ökonomen Dambisa Moyo, der in seinem Buch »Dead Aid« die westliche Entwicklungshilfe an den Pranger stellt, hat sich »mit China das alte Narrativ von Geberländern und Empfängerländern massiv verändert [...] Afrikanische Länder brauchen Handel und Investitionen. Es ist gut, wenn China oder andere wie Indien, Türkei, Russland oder Brasilien neue Handels- und Investitionsmöglichkeiten für Afrika bringen.« (Financial Times, 25.6.2020)

Das Auftreten Chinas hat die Kräfteverhältnisse verschoben, die afrikanischen Staaten haben jetzt mehr Macht, wenn sie mit dem Westen, den alten Kolonialmächten und den bislang westlich dominierten internationalen Finanzinstitutionen über Handelsverträge oder Kredite verhandeln, denn China sitzt mit am Tisch. Das bedeutet nicht, dass alle chinesischen Projekte in Afrika auf fairer Basis vereinbart sind. Aber es macht einen Unterschied, dass China Rohstoffe aus Afrika im Wesentlichen mit Investitionen bezahlt, anstatt wie der Westen mit Geld, das dann auf Schweizer Konten landet. Wesentliche Infrastrukturen in Afrika – von Bahnlinien über Krankenhäuser bis zu Universitäten – sind in den letzten Jahren vor allem durch Kooperation mit China entstanden.

Chinas Blick auf den Globalen Süden ist kein Imperialismus

Im Juni 2022 fand in Los Angeles der »Summit of the Americas« statt. Es war kein Gipfeltreffen aller Staaten des amerikanischen Kontinents, manche Regierungen wie Kuba oder Venezuela wurden vom Gastgeber USA erst gar nicht eingeladen, andere solidarisierten sich mit den nicht Eingeladenen und kamen nicht. So geriet der Gipfel zur Farce. Die USA kontrollieren nicht mehr ihren »Hinterhof«, wie Lateinamerika einst despektierlich genannt wurde. Der Gipfel war symptomatisch für den schwindenden Einfluss der USA und des gesamten Westens im Globalen Süden, der früher auch Dritte Welt genannt wurde. Im Gegenzug hat China sein Engagement in den Staaten Lateinamerikas, Asiens und vor allem in Afrika systematisch ausgebaut.

Wie konnte es dazu kommen? »China has a plan, we don't have a plan«, erklärte der US-Senator Edward Markey in einem Senatshearing. Die amerikanische Sinologin Nadège Rolland spricht in einem Artikel von »China's Southern Strategy«.[6] Der globale Süden – unter dem sie die Entwicklungs- und Schwellenländer der südlichen Hemisphäre subsumiert – sei mittlerweile in der Einflusssphäre Chinas und eine starke Basis für seine Machtstellung, was das Ende der US-Welthegemonie bedeuten könnte.

Schon unter Mao Zedong hatte Chinas Wendung nach Afrika begonnen. Damals sah sich die Volksrepublik im gemeinsamen Kampf gegen die imperialistischen Kolonialmächte und unterstützte die Befreiungsbewegungen. Unter Deng Xiaoping verabschiedete sich China vom revolutionären Pathos. Jetzt wurden die inzwischen unabhängigen Staaten der »Dritten« Welt nüchtern ökonomisch betrachtet – als Bezugsquellen von Energie und Rohstoffen sowie als Absatzmärkte. Unter Xi Jinping kam die strategische Komponente hinzu, vor allem mit der Belt-and-Road-Initiative sieht China in den Entwicklungs- und Schwellenländern Schauplätze mit wachsender strategischer Bedeutung.

Für China ist Afrika nicht der verlorene Kontinent, sondern einer mit Zukunft. Schon seit 31 Jahren tourt der chinesische Außenminister traditionell zu Beginn jeden Jahres durch diverse afrikanische Länder. Der aktuelle Außenminister Wang Yi besuchte Anfang 2022 Eritrea, Kenia und die Komoren. Vor der Abreise sprach er über seine persönliche Bilanz (»Das ist meine 17. Reise nach Afrika«) und die Investitionen seines Landes in Afrika: über 10.000 Kilometer Eisenbahnen, 100.000 Straßenkilometer, 1.000 Brücken und 100 Häfen hätten chinesische Firmen bislang gebaut. Dazu unzählige Krankenhäuser und Schulen.

---

[6] Nadège Rolland: Chinas Southern Strategy, unter: www.foreignaffairs.com/articles/china/2022-06-09/chinas-southern-strategy.

Der chinesische Staat baut Infrastruktur, Chinas Unternehmen setzen auf den afrikanischen Markt, wo in den nächsten Jahrzehnten eine Mittelschicht heranwächst. Das ist ein ganz anderer strategischer Ansatz als der der USA, die Afrika vor allem unter dem Aspekt der eigenen nationalen Sicherheit und ihrer weltweiten Hegemonie betrachten. China hat eine ganz andere Perspektive: Es schaut auf Afrika vor allem unter dem Gesichtspunkt der wirtschaftlichen Chancen, eigener wie der des Kontinents selbst.

Mit dieser Strategie des wirtschaftlichen Primats hat China auch Südamerika und Teile des nicht industrialisierten Asiens »erobert«. China ist inzwischen größter Handelspartner in beiden Regionen. Möglich wurde diese Dominanz auch, weil der Westen – die USA und Europa – den sogenannten Globalen Süden lange Zeit stiefmütterlich behandelt hat. Es gab und gibt viele Sonntagsreden in Washington und Brüssel, aber ihnen folgen wenige Taten. So hatte Joe Biden im Mai 2022 die Staaten des südostasiatischen Wirtschaftsbündnisses ASEAN in Washington zu Gast. Man klopfte sich gegenseitig auf die Schultern, und die USA versprachen 150 Millionen Dollar für Infrastruktur und Pandemiebekämpfung. China hatte wenige Monate zuvor den ASEAN-Staaten 1,5 Milliarden Dollar spendiert.

Angesichts der Größe und des wirtschaftlichen Gewichts des Landes und seiner Rolle als größter Handelspartner der meisten Länder auf der Welt wird vor allem in den Medien, aber auch bei westlichen Politikern gern darauf verwiesen, dass Chinas Handeln eigentlich nur imperialistisch sein könne. Es gibt jedoch so gut wie keine Belege dafür, dass das Land etwa in den Beziehungen zu anderen Ländern ungleiche Verträge abschließt, wenn es um den Bau eines Hafens oder einer Bahntrasse oder die Erschließung eines Rohstoffvorkommens und die Finanzierung solcher Projekte geht. China bevorzugt stattdessen Win-win-Beziehungen beim Abschluss solcher Verträge.

Denn ein Grundpfeiler von Chinas Außenpolitik ist die Nichteinmischung in die inneren Angelegenheiten anderer Länder. Das ist nicht nur ein hohles Prinzip: Es gibt auch keine Belege dafür, dass sich China in die inneren Verhältnisse anderer Länder einmischt, obwohl die in der Regel wesentlich kleiner sind als China und viel weniger wirtschaftliches Gewicht haben. Chinas Militär ist auf den territorialen Schutz des großen Landes und auf die Offenheit der Seewege konzentriert, über die immer noch 80% seines Außenhandels abgewickelt werden. Es hat nur einen einzigen internationalen Militärstützpunkt, während die USA weltweit knapp 800 Militärstützpunkte und sehr viele davon rund um China haben.

Taiwan ist nicht nur aus chinesischer Sicht, sondern auch nach dem Völkerrecht unstrittig ein Teil Chinas. Bei Chinas Militärübungen in den letzten Jahren rund um Taiwan handelte es sich durchweg um demonstrative Reaktionen auf Provokationen seitens der USA. Die gelegentlichen Grenzscharmützel zwischen China und Indien im unwirtlichen Himalaja basieren auf Differenzen über den Grenzverlauf, die noch aus der Kolonialzeit herrühren. Auch bei den unbewohnten Inselgruppen im südchinesischen Meer geht es um chinesische Ansprüche, die sich aus der Historie begründen, aber gegenüber Japan bzw. den Philippinen oder Vietnam strittig sind. Durch die Perlenkette von US-Stützpunkten, die China von der See her einkreisen und damit im Konfliktfall Chinas Außenhandel empfindlich gefährden können, haben diese Inseln jedoch für die Volksrepublik strategische Bedeutung.

Auch in der Region – also in Ost-, Südost- und Südasien – tritt China bislang nicht als imperialistische Macht in Erscheinung. »Regime Change« oder Militärputsche gehören nicht zum Arsenal der chinesischen Außenpolitik. Natürlich ist China aufgrund seines wirtschaftlichen Gewichts der »Elefant im Raum« in Asien. Aber das ändert nichts an der Nichteinmischung in die inneren Angelegenheiten anderer Länder, auch wenn Politiker gewählt werden – wie kürzlich auf den Philippinen –, die eng mit der US-Regierung kooperieren und bald nach ihrer Wahl den USA weitere Militärstützpunkte zusagten. Chinas enge wirtschaftliche Beziehungen mit den Philippinen laufen weiter.

Es gibt auch theoretische Einwände gegen die These, dass die Volksrepublik China eine imperialistische Macht ist. Die ökonomische Basis des Landes ist zwar vorherrschend kapitalistisch und seit Jahren werden auch die Staatsunternehmen nach dem Profitimperativ geführt. Viele Zweige der Gesellschaft, auch das Gesundheitswesen oder etwa Teile des Schulwesens, sind noch immer vorrangig dem Profit unterworfen. Der chinesische Staat hat eine ungewöhnlich aktive Rolle in der Wirtschaft.

Das aber kommt in anderen kapitalistischen Ländern auch vor. Aber der chinesische Staat ist bislang nicht das Werkzeug der Kapitalgruppen, weder der Privatunternehmen noch der Staatskonzerne. In China ist die gesteuerte kapitalistische Ökonomie mit der Öffnungspolitik durch den Willen und Beschlüsse der Kommunistischen Partei entstanden. Der Staat und die ihn dominierende KPCh sind nicht vom Kapital und den größten Unternehmen kontrolliert. Die wirtschafts- und gesellschaftspolitischen Ziele der Partei lassen sich so zusammenfassen:

- Entwicklung Chinas zu einem prosperierenden Land mit hohem Lebensstandard für alle;
- Förderung der technologischen Entwicklung;
- China international zu einem bedeutenden Akteur in wirtschaftlichen und politischen Angelegenheiten machen;
- Förderung einer ökologisch nachhaltigen Volkswirtschaft.

Kapitel 6: Wird China die globalen Klimaziele erreichen?

Deutschland wird seine selbst gesteckten Klimaziele für 2030 nicht erreichen, wenn weiterhin so viele Treibhausgase ausgestoßen werden wie bisher, urteilte der unabhängige Expertenrat für Klimafragen in einem Anfang November vorgelegten Gutachten (Tagesschau, 4.11.2022). Dagegen waren in China im Herbst 2022 die CO_2-Emissionen[1] schon vier Quartale in Folge gesunken. Ob das schon eine dauerhafte Trendwende ist in dem Land, auf das fast 30% der weltweiten Emissionen entfallen, wird sich zeigen. Denn nach den offiziell verkündeten Klimaplänen will China erst bis spätestens 2030 den Höchststand erreichen – und muss dies auch, um die Einhaltung der Pariser-Klimaziele realistisch zu halten.

Aber auch in der Klimapolitik bringt sich der Westen gegen China in Stellung. Klima-Imperialismus ist die angesagte Politik. Das demonstrierte beispielhaft der selbstgerechte Auftritt von Außenministerin Annalena Baerbock gegenüber China auf der Klimakonferenz COP27 im Herbst 2022 in Ägypten. Kein Wort dazu, dass Deutschland seine Ziele aktuell verfehlt, während China bei der Reduzierung der Emissionen schon weiter ist als ursprünglich geplant. In der Sache ging es bei der Konferenz ums Geld für einen neuen »Loss-and-Damage«-Fonds zur Unterstützung der besonders vom Klimawandel betroffenen Länder. Baerbock verlangte, auch China müsse als große Volkswirtschaft und weltgrößter CO_2-Emittent in diesen von der EU vorgeschlagenen Fonds einzahlen. Aber nach einer UN-Rahmenvereinbarung zum Klimawandel von 1992 sind nur diejenigen Länder verpflichtet zu zahlen, die schon damals als entwickelte Länder eingestuft waren. Sicherlich sind Länder wie Saudi-Arabien, Russland und eben auch China heute viel weiter entwickelt als vor 30 Jahren. Gleichwohl wiederholte der chinesische Vertreter auf der Konferenz die offizielle Position, China sei immer noch ein Entwicklungsland und habe deswegen keinerlei Verpflichtung, in diesen neuen Fonds zu zahlen. Dazu seien die reichen Länder verpflichtet, aber sein Land leiste freiwillig Hilfe für Länder, die von Extremwettern bedroht seien, und liefere u.a. Frühwarnsysteme und Technologien für erneuerbare Energien.

Die Klimakonferenz COP27 zeigte, dass die Zeiten vorbei sind, in denen die Klimapolitik eines der wenigen verbliebenen Felder der Zusammenar-

---

[1] Wenn im Folgenden von »Emissionen« die Rede ist, sind – sofern nicht anders bezeichnet – immer CO_2-Emissionen gemeint.

beit war. Jetzt ist Kampf gegen den aufstrebenden Rivalen angesagt. Dabei geht es wohl auch darum, zu verhindern, dass China mit seiner Industriepolitik nach dem Vorbild der Solarindustrie weitere »grüne« Technologien wie Hydrogen oder CO_2-Capture marktreif machen und weltweit verbreiten kann – zum Nachteil der westlichen Konkurrenz. Dass China als weltweit größter CO_2-Emittent bis spätestens 2060 karbon-neutral sein will und wahrscheinlich schon deutlich vor 2030 das Maximum beim Ausstoß erreicht, wird von den USA und der EU, den unangefochtenen Spitzenreitern bei den CO_2-Emissionen der letzten 250 Jahre, kritisiert: zu wenig und zu spät. Dabei fällt unter den Tisch, dass der von China zugesagte Beitrag im Kampf gegen die Erderwärmung eine gigantische gesellschaftliche und klimapolitische Leistung bedeutet.

Unter anderem unterschlägt die schrille westliche Klimapropaganda den Export von Emissionen durch die Verlagerung von Industrien und Arbeitsplätzen nach China und in andere kostengünstige Weltregionen. So ist die Zusage der EU, bis 2050 »net zero« zu erreichen, ein lobenswertes Ziel. Aber die Zusagen der EU basieren zum erheblichen Teil darauf, dass klimaschädliche Industrien in andere Länder und Erdteile exportiert wurden und werden. Beispielhaft zeigt das die Analyse der bisher in der EU schon erreichten Senkung der Emissionen: Danach haben sich in Dänemark seit 2000 die Emissionen pro Kopf der Bevölkerung fast halbiert. Aber die nach Dänemark importierte CO_2-Verschmutzung – in den Waren, die früher in Dänemark, aber jetzt vor allem in China und anderen Ländern produziert werden – ist im gleichen Zeitraum drastisch gestiegen. Wenn diese importierten Emissionen eingerechnet werden, sind nach Daten des Global Carbon Project (Economist, 26.2.2022) die Pro-Kopf-CO_2-Emissionen Dänemarks seit 2000 gerade um ein Drittel statt um die Hälfte gesunken. Die Zahlen für Deutschland dürften ähnlich sein.

Die USA und im Gefolge die westlichen Verbündeten stehen vor einem Dilemma: Einerseits ist die Erderwärmung eine mit dem Aufstieg des Kapitalismus verbundene globale Katastrophe, die trotz aller geopolitischen Gegensätze eine gemeinsame Antwort aller Länder erfordert und bei der insbesondere die größten (Wirtschafts-)Mächte und die reichsten Länder gefordert sind. Das geht nun mal nicht ohne China. Andererseits wollen die USA und die Verbündeten die neue Weltmacht China in die Schranken weisen und den weiteren Aufstieg des Landes unbedingt stoppen. Unter der Flagge des Klimaschutzes soll das Land gezwungen werden, seine CO_2-Emissionen dramatisch zu senken, und zwar möglichst sofort. In diesem Widerspruch zwischen enger Kooperation einerseits und grün verkleidetem Klima-Imperialismus, der China mit Maximalforderungen schwächen soll, manövriert die Klimapolitik der USA und Europas.

In der EU hatten wohl viele gehofft, die Beziehungen zu China aufteilen zu können. Es gibt Themen mit offenem Dissens wie die Taiwanfrage oder von der EU verurteilte Verletzungen von Menschenrechten. In der Klimapolitik setzt die EU dagegen auf Zusammenarbeit, die es mit China schon lange gab. Nach dem EU-Modell hat auch die Volksrepublik inzwischen einen Markt für den Handel mit Emissionsrechten etabliert und gemeinsam mit der EU Bewertungsmethoden für Umweltbilanzierungen erarbeitet. Im September 2022 erklärte der chinesische Botschafter bei der EU bei einer Veranstaltung in Brüssel zum Thema Dekarbonisierung jedoch, »es gebe keine grüne Zusammenarbeit in einem Vakuum«. Er meinte damit, dass Kooperation in Klimafragen nicht kompatibel mit geopolitischer Konfrontation sei. Er kritisierte auch den vor allem gegen Importe aus China gerichteten EU-Protektionismus, der hinter den neuen, ab 2023 wirksamen EU-Regeln zum Karbon-Grenzausgleich stehe.

Nach den diplomatischen Konflikten um den Taiwan-Besuch von Nancy Pelosi sagte China den vereinbarten diplomatischen Austausch mit den USA über Klimathemen ab. Erst im November, nach dem persönlichen Treffen von Biden und Xi Jinping im Rahmen des G20-Gipfels, wurden die Gespräche über Klimathemen wieder aufgenommen. Bei der COP26-Klimakonferenz 2021 in Glasgow hatten die USA und China als die beiden größten CO_2-Emittenden auf dem Erdball eigentlich eine enge Zusammenarbeit im Kampf gegen den Klimawandel vereinbart. (Guardian, 19.11.2022)

Die weitere Entwicklung dieser Zusammenarbeit ist unklar. Chinesische und US-Wissenschaftler argumentieren für eine enge Kooperation (China. Table # 424, 22.9.2022). Nach ihren Studien könnte der Strom in China und den USA schon bis zum Jahr 2035 zu 80% kohlestofffrei sein. Die USA seien durch das »grüne« Programm des Inflation Reduction Act (IRA)[2] in einer guten Position, um bei der Dekarbonisierung der Stromerzeugung mit anderen Ländern zusammenzuarbeiten – in erster Linie mit China. Die USA könnten sich ein Ziel von 80% sauberen Stroms bis 2030 setzen, dem sich China bis 2035 anschließt. Indem sie gemeinsamen Interessen und Möglichkeiten folgen, können die beiden Supermächte bei der Dekarbonisierung ihrer Stromnetze weltweit in Führung gehen, ihre politischen Unstimmigkeiten sollten dabei kein Hindernis sein.

Den Wissenschaftlern zufolge sei China auf dem besten Weg, den Anteil erneuerbarer Energien von heute 33% auf 50% im Jahr 2030 zu erhöhen –

---

2 Bei dem im Sommer 2022 verabschiedeten Inflation Reduction Act (IRA) handelt es sich um ein Gesetzespaket der Biden-Administration, dass mit hunderten Milliarden US-Dollar die Dekarbonisierung der US-Wirtschaft und gleichzeitig die Re-Industrialisierung der USA fördern soll.

dank Fördermaßnahmen zur Entwicklung von Wind-, Solar-, Nuklear- und Wasserkraftanlagen. Sowohl in China als auch in den USA senkt ein höherer Anteil erneuerbarer Energien auch die Risiken, die mit der Preisvolatilität der fossilen Energieträger verbunden sind. China entwickelt bereits einen einheitlichen nationalen Elektrizitätsmarkt – ein wichtiges Werkzeug zur Verteilung verschiedener Wind- und Solarressourcen über das große Staatsgebiet hinweg.

Größter »Klimasünder« führt bei erneuerbaren Energien

Keine Verpflichtung zu »netto null« sei so wichtig wie diejenige Pekings, schreibt die Internationale Energieagentur (IEA) in einem aktuellen Bericht zu Chinas Ziel, den Höchststand der jährlichen CO_2-Emissionen bis spätestens 2030 und die Klimaneutralität bis 2060 erreicht zu haben – oder wie es in der Volksrepublik heißt: »30/60«. Soll die Welt das Ziel der maximalen Erderwärmung um zwei Grad erreichen, bestenfalls gar um nicht mehr als 1,5 °C, führt kein Weg an China vorbei. Das Land ist heute Dreh- und Angelpunkt von globalen Wertschöpfungsketten und seit 2009 der größte Energieverbraucher weltweit – Tendenz bislang weiter steigend. 2021 hatte der Energieverbrauch gegenüber dem Vorjahr um weitere 10,3% zugenommen.

Chinas wirtschaftlicher Aufstieg in den vergangenen Jahrzehnten ging einher mit einem massiven Abbau der Armut. Eine Mittelschicht mit vielen hundert Millionen Menschen ist entstanden. Diese Entwicklung hat zugleich einen massiven ökologischen Fußabdruck hinterlassen. Mit über 10 Mio. CO_2-Gigatonnen (= 1.000 Mio. Tonnen) pro Jahr ist China weltweit der größte Emittent. Zum Vergleich: Die USA lagen 2019 bei über 5 Mio. CO_2-Gigatonnen Ausstoß, Indien bei knapp 3 Mio. Gigatonnen. Im Verhältnis zur Bevölkerungszahl relativiert sich der Negativ-Rekord: Chinas Pro-Kopf-Emissionen betragen nur ein Viertel der der USA. Außerdem zeigt die akkumulierte Bilanz der gesamten CO_2-Emissionen von 1750 bis 2019, dass die USA und Europa als Geburtsstätten der kapitalistischen Weltordnung und des industriellen Kapitalismus beim Ausstoß von Treibhausgasen die unangefochtenen Spitzenreiter sind.

Aber derartige Relativierungen klingen zynisch angesichts der Erderwärmung und der Feststellungen des IPCC (Intergovernmental Panel on Climate Change) vom April 2022, dass das Ziel, diese auf maximal 1,5 °C gegenüber dem Durchschnitt vor der Industrialisierung zu begrenzen, immer weniger realistisch erscheint. Aber gerade weil China heute der bei Weitem größte CO_2-Emittent ist, ist es ein wesentlicher Beitrag im Kampf gegen die Erderwärmung, wenn das Land jetzt und in den nächsten Jahren den weiteren

Abb. 6: Kumulative CO_2-Emissionen 1750–2019 in Mrd. Tonnen

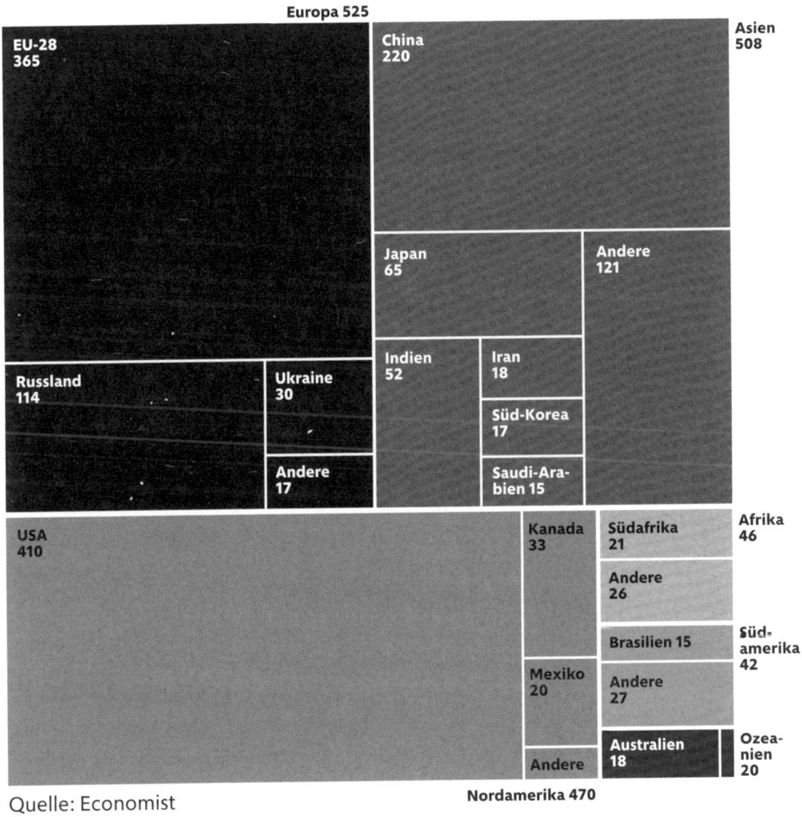

Quelle: Economist

Anstieg seiner Emissionen möglichst schnell abbremsen und dann in den nächsten Jahrzehnten schrittweise reduzieren kann.

Auf der Klimakonferenz 2015 verpflichtete sich die chinesische Regierung, das Land werde spätestens im Jahr 2030 das Maximum der Emissionen erreichen. Bei der UN-Vollversammlung 2020 erklärte Staatspräsident Xi Jinping, das Land wolle bis 2060 CO_2-neutral sein. Die EU-Mitgliedsstaaten wollen schon bis 2050 dieses Ziel erreichen. Deswegen fordern europäische Thinktanks als Stichwortgeber, die EU-Politik solle noch mehr Druck auf China machen.[3] Aber China investiert im internationalen Vergleich das meiste Geld in

[3] Zum Beispiel der zunächst von der Böll-Stiftung veröffentlichte Kommentar des Merics-Analysten Roderick Kefferpütz: It's time for climate competition with China, 21.1.2022, abrufbar unter: merics.de.

die Energiewende: 2021 waren es umgerechnet 297,5 Mrd. $. Die EU-Mitgliedsstaaten investierten nur etwas mehr als Hälfte, nämlich 155,7 Mrd. $ und die USA 119,7 Mrd. $.[4]

Aber mit der Festlegung auf 2060 hat China ein Zeitfenster von gerade einmal 30 Jahren, um Wirtschaft und Gesellschaft von dem CO_2-Ausstoß-Maximum bis 2030 auf komplette Karbon-Neutralität bis 2060 umzustellen. Zum Vergleich: Reiche Industrieländer in Europa wie Deutschland und Frankreich, die jeweils um die Jahrtausendwende den Höchstwert an CO_2-Ausstoß verzeichneten, haben für diese Transformation immerhin 50 Jahre angesetzt – bis 2050. Zudem strebt China die Reduktion in einem frühen Stadium seiner industriellen und gesellschaftlichen Entwicklung an. Denn erst 2049 – 100 Jahre nach Gründung der Volksrepublik – wird das Land auch ein wohlhabendes Industrieland sein, was das erklärte Ziel der KP Chinas ist.

Manche Experten argumentieren, mit besonderen Anstrengungen könne China seine Emissionen schon ab 2025 schrittweise absenken (Economist, 25.9.21). Dass sich die chinesische Regierung offiziell entsprechend festlegt, ist unwahrscheinlich, dafür müssten viele Kohlekraftwerke, Zementfabriken und Stahlwerke umgehend stillgelegt werden. Der aktuelle Fünf-Jahr-Plan 2021–2025 wäre Makulatur. Wahrscheinlicher ist, dass China noch vor 2030 das CO_2-Maximum erreicht und dann schrittweise seinen Ausstoß reduziert.

Chinas ambitionierte Klimaziele bedeuten also eine gigantische ökonomische und gesellschaftliche Kraftanstrengung, mehrere Nummern größer als der Transformationsprozess in Deutschland und Europa. Die inzwischen größte Volkswirtschaft, die »Fabrik der Welt«, muss radikal umgebaut werden. Zwar ist ungebremstes Wachstum zulasten der Menschen und der natürlichen Umwelt schon länger nicht mehr angesagt, aber Fehlsteuerungen der Turbo-Marktwirtschaft wie eine überhöhte Investitionsquote und ein Ungleichgewicht zwischen Exporten und dem Binnenkonsum, weiter bestehende Ungleichheit und ein unterentwickeltes Sozialsystem wirken nach.

In den Jahrzehnten seit 1990 ist die Wirtschaftsleistung jährlich im Schnitt zunächst zweistellig und in den letzten zehn Jahren immer noch deutlich einstellig gewachsen. Das Pro-Kopf-Einkommen lag 1990 bei 347 US-$, noch unter dem von Indien, und 2021 bei 12.359 $, bei einem Viertel des Pro-Kopf-Einkommens eines US-Amerikaners. Damit zählt China laut dem Internationalen Währungsfonds (IWF) heute schon zu den reichsten Ländern der Erde. Wachstumsmotor der letzten Jahrzehnte war die Industrialisierung und damit ein immenser Verbrauch an natürlichen Ressourcen. Aber die Wachstumsraten sind längst einstellig, auch wenn das jährliche Wirtschaftswachstum in absoluten Zahlen immer noch enorm ist.

---

[4] Zitiert nach: MERICS Europe China 360°, 15.9.22.

Der Aufbau der industriellen Basis ist weitgehend abgeschlossen. Die Infrastruktur – von 5G-Mobilnetzen über Hochgeschwindigkeitsbahnen und den öffentlichen Nahverkehr bis zu Autobahnen – ist besser als in den meisten G7-Ländern. Die Regierung setzt zunehmend auf qualitatives Wachstum. Der Binnenkonsum soll künftig der Motor der Volkswirtschaft sein, nicht mehr die Exporte. Diese verzeichneten 2021 – im Jahr nach dem weltweiten Corona-Ausbruch – mit einer Steigerung von 30% gegenüber dem Vorjahr nochmals neue Rekorde.

Aber dass sich China für den Klimaschutz komplett von weiterem Wachstum verabschieden soll, wie im Westen manchmal gefordert wird, ist keine Alternative. Denn immer noch liegt Chinas Pro-Kopf-Einkommen weit zurück hinter den reichen Ländern, das soziale Netz ist löchrig, Chinas Rentensystem unterfinanziert, die Völkerwanderung aus den armen Landgebieten in die Städte geht weiter. Außerdem drängen jährlich immer noch zehn Millionen Hochschulabgänger auf den Arbeitsmarkt.

Über die Hälfte von Chinas Emissionen entfallen auf den Energiesektor. Die besonders viel CO_2 emittierende Kohleverstromung hat einen Anteil von 67% an der gesamten Stromerzeugung, denn das Land hat große Kohlevorkommen, während die erschlossenen oder noch erschließbaren Vorkommen von Erdöl und Erdgas vergleichsweise gering sind. China ist zudem weltgrößter Importeur fossiler Brennstoffe, um den immensen Energiebedarf der Industrie und der Bevölkerung zu decken. Importe von fossilen Energieträgern – Kohle, Öl und Gas – machen neben Halbleitern den größten Posten der Importbilanz aus.

Dass der Energiesektor eine Schlüsselstellung für die Entwicklung hat, erlebte das Land schmerzhaft vor allem im Sommer 2021 und 2022. Immer wieder kam es zu Stromabschaltungen und in der Folge zu Produktionsunterbrechungen, vor allem in den hoch industrialisierten Küstenregionen. Bei Spitzenbelastung konnte nicht genug Strom über die Netze geliefert werden.

In der Volksrepublik wird auch die Kernkraft als erneuerbare Energie klassifiziert, ihr Anteil an der gesamten Stromerzeugung liegt bei 5%. 53 Kernkraftwerke sind im Betrieb, weitere 35 waren 2022 in Planung oder im Bau. Um unabhängiger von Energieimporten und von der Kohleverstromung zu werden, wurde schon frühzeitig auf den systematischen Ausbau von Wasserkraft sowie der Solar- und der Windenergie gesetzt. Über 50% der bislang weltweit installierten erneuerbaren Energiekapazitäten sind in China. Seit 2012 hat das Land seine Solarkapazitäten um den Faktor 50 (!) gesteigert. Obwohl noch immer neue Kohlekraftwerke entstehen, haben Wind- und Solarparks 2021 mehr als die Hälfte der neu ans Netz gegangenen Stromkapazität geliefert. Schon seit 2017 entfallen über 50% der neu installierten Stromkapazitäten auf Wind- und Sonnenenergie. In der Photovoltaik installierte

China 2021 fast 55 Gigawatt, 14% mehr als 2020 (zum Vergleich: In der EU wurden 2021 ca. 26 Gigawatt an neuen Photovoltaik-Kapazitäten in Betrieb genommen). Wie kein anderes Land hat China hier die Kapazitäten ausgebaut, im ersten Halbjahr 2022 wuchsen die von Wind- und Solarkraft im Vergleich zum Vorjahr um weitere 17,2% beziehungsweise 25,8%.

Auch die Volksrepublik steht vor dem Problem, dass der Netzausbau und der Bau von Stromspeichern wie Batterieanlagen und Speicherwerken nicht Schritt hält mit dem Kapazitätswachstum der erneuerbaren Energien. Zudem wird der »grüne« Strom vor allem im dünn besiedelten West- und Südwestchina erzeugt, die industriellen Metropolen liegen aber im Osten. Deshalb forciert die chinesische Regierung seit Jahren die Ansiedlung von Energiefressern wie Datenzentren und Serverfarmen im Westen des Landes. Das sogenannte Bitcoin-Mining, die extrem viel Strom verbrauchende Produktion von Kryptogeld, hat sie inzwischen verboten.

Mittels einer klugen Industriepolitik und durch die Skaleneffekte des großen Binnenmarkts sind binnen weniger Jahre komplette Industrien für erneuerbare Energien entstanden. Marktanreize sorgten schon vor 20 Jahren dafür, dass z.B. auch chinesische Autozulieferer plötzlich Solarmodule produzierten. Heute entfallen auf China 60% aller weltweit produzierten Solarmodule, außerdem kommen 80% des weltweit verbrauchten Polysilicons, des Grundstoffs für Solarmodule, meist aus der chinesischen Region Xinjiang. Die weltweite Erfolgsstory der Solarenergie ist vor allem China zu verdanken.

Vor diesem Hintergrund klingt die in Europa geführte Kritik an dem »systemischen Rivalen« als etwas weltfremd. Denn die von der EU formulierten Klimaziele können niemals erreicht werden, wenn Europa auf Solarmodule oder Solartechnologie aus China verzichtet. Das musste auch der von den USA und der EU ins Leben gerufene transatlantische Trade and Technology Council TTC einräumen, ein neues Instrument im Wirtschaftskrieg des Westens.[5]

Unter dem Druck des Klimawandels baut China nicht nur seinen Energiesektor um, sondern die gesamte Industrie, auf die knapp die Hälfte der CO_2-Emissionen entfallen. Der ökologische Umbau der chinesischen Industrie konzentriert sich auf drei Schlüsselbranchen, die besonders energieintensiv sind und bei deren industriellen Prozessen besonders viel CO_2 emittiert wird – laut chinesischem Fünf-Jahr-Plan die »dual-high«-Industrien mit hohem Energieeinsatz und hohen Emissionen. Gemeint sind die Eisen- und Stahlindustrie, die Aluminiumindustrie und die Zementerzeugung.

---

[5] www.scmp.com/tech/tech-war/article/3178102/tech-war-us-eu-united-front-tech-erode-chinas-supply-chain-advantages.

Diese drei Industriezweige erzeugten in China 2019/20 jeweils mehr als die Hälfte der gesamten Weltproduktion, nämlich 57% des Rohstahls, 55% des Zements und 57% des Aluminiums. Nach Schätzungen entfallen 25% der gesamten Emissionen Chinas auf diese Industrien, darunter über 15% allein auf die Stahlindustrie. 2021 verordnete die Regierung zur Drosselung des Energieverbrauchs und zum Schutz der Umwelt wiederholt Produktionsstopps für die Stahlerzeugung, mit dem Ergebnis, dass die Produktion in dem Jahr deutlich zurückging. Außerdem haben in diesen Branchen großflächige Experimente mit Hydrogen begonnen, um »grünen« Stahl bzw. »grünes« Aluminium herzustellen.

Noch ganz am Beginn der Transformation steht Chinas CO_2-intensiver Bau- und Immobiliensektor – Hauptkunde für die Stahl- und Zementwerke. Nach Berechnungen hat das Land in einem einzigen Jahr so viel Beton verbaut wie Großbritannien in einem ganzen Jahrhundert. Bis 2021 wurden jährlich ca. zehn Millionen Neubauwohnungen fertiggestellt – der tatsächliche Bedarf für Migranten vom Land und für junge Familien liegt vielleicht bei zwei bis drei Millionen. Eine Fahrt durchs Land führt vorbei an Geisterstädten mit zahllosen leer stehenden Hochhäusern. Die Wohnungen in den leer stehenden Hochhäusern sind aber meistens verkauft. Denn die chinesischen Privathaushalte haben ihre Ersparnisse bislang oft in Beton angelegt, weil sie bis 2021 mit ständig steigenden Immobilienpreisen rechnen konnten und weil es wenig andere sichere Geldanlagen gibt.

Mit der spekulativen Immobilien-Blase ist nun Schluss, wie die Krise der hoch verschuldeten Immobilienkonzerne zeigt.[6] Aber auch wenn Xi Jinping wiederholt erklärt hat, Immobilien seien zum Leben da und nicht zur Spekulation, dauert es, bis diese gigantische Fehlentwicklung korrigiert ist. Ein Kollaps des Immobilienmarktes mit einem dramatischen Preisverfall muss unbedingt verhindert werden, der würde nicht nur die Ersparnisse von vielen Millionen Chinesen vernichten. Ohne die Nachfrage vom Bausektor mit seinen Millionen Arbeitsplätzen würde Chinas Volkswirtschaft insgesamt abstürzen und wahrscheinlich auch die Weltwirtschaft erschüttern.

Die Fehlentwicklungen im Immobiliensektor und in den CO_2-Industrien verweisen auf ein weiteres volkswirtschaftliches Problem: Im internationalen Vergleich ist Chinas Energieeinsatz nach wie vor wenig effizient, gleichzeitig ist die Emissionsintensität, gemessen in CO_2-Emissionen pro Einheit der Wirtschaftsleistung (BIP), überdurchschnittlich hoch,[7] im Verhältnis zur

---

[6] Siehe hierzu meinen Artikel »VR China: Entwicklungskrise durch Immobilienblase?« in: Sozialismus.de, Heft 3-2022.

[7] Berechnungen von Franz Garnreiter (isw). Vorgetragen am 26.3.2022 auf der Konferenz »China und Klima« in Frankfurt am Main, gemeinsam veranstaltet von der Marx-

Wirtschaftsleistung fast doppelt so hoch wie in anderen Ländern, obwohl nur relativ geringe Anteile für Verkehr und Heizung enthalten sind. Chinas Extra-Emissionen im Vergleich mit anderen Ländern gehen nach Berechnungen zu einem guten Drittel auf die Kohlenutzung zurück. Denn Kohle ist deutlich emissionsintensiver als andere Energieträger. Zudem liegt der Pro-Kopf-Verbrauch an emissionsintensiven Grundstoffen (Zement, Stahl, Aluminium) etwa siebenmal so hoch wie im Rest der Welt. Auch sogenannte »graue Emissionen« bei der Herstellung von Produkten, die von China auf den Weltmarkt gehen, tragen erheblich zur negativen Emissionsbilanz bei.

Systematische Planung von Umweltpolitik & Innovationen

Dass die chinesische Regierung es mit den offiziell erklärten Klimazielen ernst meint, gilt unter Experten z.B. von der IEA als Konsens. Vermutlich werde China schon vor 2030 beginnen, die absoluten CO_2-Emissionen schrittweise abzusenken (Economist, 25.9.2021). Der Verband der Baustoffindustrie erklärte im Herbst 2022, die Branche wolle sogar schon bis 2025 das Maximum erreichen, die Zementindustrie sogar schon bis 2023. Dennoch warnte der Vizeministerpräsident Han Zheng, Chinas Energiesicherheit habe Vorrang (Caixin Green Bulletin, 9.9.2022).

Die Volksrepublik bezeichnet sich als sozialistische Marktwirtschaft. Die staatliche Planung ist nicht nur langfristig orientierte Industriepolitik, sondern auch Sozial- und Umweltpolitik. Es ist der Versuch, den Wildwuchs der entfesselten Marktkräfte zu regulieren und konkurrierende Ziele wie das angestrebte Wirtschaftswachstum, das vorerst ohne weitere Kohleverstromung nicht zu haben ist, mit den Zielen der Klima- und Umweltpolitik in Einklang zu bringen. In einem Land, das nach europäischen Maßstäben eher ein Kontinent ist, muss die Staatsplanung auch die divergierenden regionalen und sektoralen Interessen sowie die riesigen regionalen Unterschiede berücksichtigen.

Im aktuellen Fünf-Jahr-Plan bis 2025 spielen die Klimaziele eine Schlüsselrolle: Bis 2025 soll der Energieaufwand pro Einheit des BIP um 13,5% sinken, die Energieeffizienz also deutlich steigen. Der CO_2-Anteil pro BIP-Einheit soll im selben Zeitraum sogar um 18% verringert werden. Das kann nur durch vermehrten Einsatz von erneuerbaren Energien und weniger CO_2-

---

Engels-Stiftung e.V., der Heinz-Jung-Stiftung, dem Institut für sozial-ökologische Wirtschaftsforschung (isw) München und der Rosa-Luxemburg-Stiftung, Hessen. Online unter: www.isw-muenchen.de/2022/04/china-und-klima-umweltprobleme-und-umweltpolitik-der-vr-china/.

intensive industrielle Prozesse funktionieren. Aber gleichzeitig soll Chinas Wirtschaft bis 2025 weiter wachsen. Es ist daher fraglich, ob die Emissionen schon in den nächsten zwei Jahren zurückgehen können.

Damit die erklärten Klima- und Umweltzielvorgaben auch praktisch umgesetzt werden, gibt es sektorale Arbeitspläne mit detaillierten Zielvorgaben z.B. für den Energiesektor. Im Januar 2022 veröffentlichte der Staatsrat, das höchste Regierungsgremium, den 2025 Energy Blueprint mit zehn Schlüsselprojekten als Teil des aktuellen Fünf-Jahr-Plans (Global Times, 24.1.2022). Das Dokument enthält detaillierte Vorgaben, damit China in den nächsten Jahrzehnten karbon-neutral wird. Dazu gehören »grüne« Projekte in Schlüsselindustrien wie der Stahlindustrie, Projekte zur Energiespeicherung und im Transport- und Logistiksektor.

Top-Down- und Bottom-Up-Planung sollen für sektoral und regional differenzierte Vorgaben und Anreize sorgen, damit die zentralen Ziele erreicht werden. Zentrale Behörden wie die NEA, die National Energy Authority, außerdem die der Zentralregierung oder den Provinzen unterstehenden Staatskonzerne und schließlich die Provinz- und Lokalregierungen werden an der Umsetzung der differenzierten Pläne und Vorgaben gemessen. So haben die 31 Provinzen auf Basis der zentralen Vorgaben eigene Pläne entwickelt.

Chinas Planungsprozesse und die Umsetzung der vereinbarten Pläne lassen zugleich Raum für die flexible Anpassung an veränderte externe Faktoren. Ein Beispiel ist der Umgang mit dem Bau neuer Kohlekraftwerke. Ganze Regionen hängen bislang vom Kohlebergbau und ihnen ab, zudem können erneuerbare Energien erst teilweise die Kohleverstromung ersetzen, und die Übertragungskapazitäten sind begrenzt. Deshalb gibt es auch keinen zentral verordneten Baustopp für Kohlekraftwerke.

Nach den Stromausfällen im Jahr 2021 warnte Parteichef Xi Jinping auf dem Parteitag im Herbst 2022 davor, fossile Kraftwerke abzuschalten, bevor die stabile Versorgung mit alternativen Energien gesichert sei. Denn die Blackouts haben einmal mehr gezeigt, wie fragil die Energieversorgung noch ist und warum eine zu schnelle Abkehr von der Kohle wirtschaftlich riskant werden könnte. Noch für mindestens ein Jahrzehnt bleibt die »schmutzige« Kohle Chinas wichtigster Energieträger. So lange wird sie für eine stabile Energieversorgung benötigt. Außerdem hat China noch kein flächendeckendes Stromnetz, in dem Engpässe mit Überschüssen woanders ausgeglichen werden können.

Um die Energieversorgung zu garantieren, hat die Zentralregierung 2022 auch die ökologisch motivierten Einschränkungen bei der Produktion heimischer Kohle rückgängig gemacht. Im 14. Fünfjahresplan für Energie werden zudem die Obergrenzen beim Kohleverbrauch wieder aufgehoben. Die Preiserhöhungen auf den internationalen Energiemärkten im Zuge des Ukraine-Krieges haben die Dringlichkeit erhöht, weiter auf heimische Energieträger zu setzen. In den ersten sechs Monaten 2022 hat China 11% mehr Kohle im Vergleich zur Vorjahresperiode gefördert. Die Kohleimporte sind dagegen um 17,5% eingebrochen.

Der Kohlebergbau ist in der nordchinesischen Provinz Shanxi konzentriert. Kohle ist bislang das wirtschaftliche Rückgrat und sorgt für fast die Hälfte der Steuereinnahmen der Provinz. Über eine Million Menschen der über 36 Mio. Einwohner sind in der Kohleindustrie beschäftigt. Hunderte Kohlekraftwerke stehen dort, die viele andere Provinzen mit Energie versorgen. Aber gleichzeitig entfallen allein auf Shanxi gut 50% aller Emissionen des Landes (Caixin Daily 14.9.2022). Für die Provinz Shanxi und ihre Einwohner ist es also eine riesige Herausforderung, den CO_2-Ausstoß schrittweise zu reduzieren – anders als etwa in den wasserreichen, dünn besiedelten Berggebieten West- und Südwestchinas.

Seit 2021 gibt es von der Zentralregierung die Auflage für die staatseigenen Betreiber der Stromnetze, dass sie bis spätestens 2030 wenigstens 40% des in die Netze eingespeisten Stroms von nicht-fossilen Energieträgern beziehen müssen. 2020 lag der Anteil von erneuerbaren Energien, die ins Netz eingespeist wurden, bei 28%. Zum Vergleich: Nach Angaben der Bundesnetzagentur hatten im Jahr 2021 die erneuerbaren Energien (ohne Kernkraft) in Deutschland einen Anteil von 42,8% an der gesamten Netzlast.

In Chinas Medien wurden die staatlichen Netzbetreiber immer wieder kritisiert, weil sie bislang bevorzugt auf Kohleverstromung gesetzt hatten. Das sicherte nicht nur eine höhere Netzstabilität, sondern garantierte vor allem höhere Renditen. So gingen allein im Jahr 2020 neue Kohlekraftwerke mit insgesamt 38,4 Gigawatt ans Netz, dreimal mehr als im Rest der Welt zusammen (Reuters, 10.2.2021). Zudem bremsten unzureichende Übertragungskapazitäten die Einspeisung von Strom aus erneuerbaren Energien, z.B. aus neuen Windparks. Inzwischen haben die Energieversorger China Huadian, China Huaneng und State Power Investment Corp (SPIC) zugesagt, ihr Portfolio sauberer Energien auszubauen.

Ein Faktor dafür sind etwa Windturbinen, bei deren Herstellung die Volksrepublik inzwischen führend ist. Ende 2022 wurde das bislang größte Offshore-Windrad der Welt fertiggestellt. Es ist fast 150 Meter hoch und soll eine Leistung von 16 MW liefern.[8] Eine einzige Drehung der Rotorblätter reicht für die Stromversorgung eines Haushalts für eine ganze Woche. Windrä-

---

[8] Unter: https://thechinaproject.com/2022/11/30/china-is-building-gigantic-wind-turbines-but-are-they-too-cheap/?utm_source=The+China+Project&utm_campaign=7ad9767c35-EMAIL_CAMPAIGN_2022_11_30_02_29&utm_medium=email&utm_term=0_03c0779d50-7ad9767c35-%5BLIST_EMAIL_ID%5D.

der aus China sind zudem preisgünstig: Bei jüngsten Ausschreibungen von Stromerzeugern für den Bau neuer Windparks lagen die Preise der chinesischen Hersteller von Windturbinen bei umgerechnet etwa 250 US-$ pro Kilowattstunde, auf dem Weltmarkt gilt dagegen ein Preis von 280 $ je Kilowattstunde gerade als kostendeckend. Auf dem Weltmarkt spielen Hersteller von Windrädern wie Goldwind oder Zhejiang Windey, die den chinesischen Markt kontrollieren, bislang aber kaum eine Rolle.

Neben dem »grünen« Umbau der Industrie und der Förderung von Solar-, Wind- und Atomenergie sollen weitere Innovationen China auf dem Weg zur CO2-Neutralität helfen. An erster Stelle steht dabei die systematische Förderung von Wasserstoff (Hydrogen) als Energiequelle. Dafür werden staatliche und private Initiativen gebündelt. Ein Großteil der Hydrogen-Forschung und -Entwicklung findet inzwischen in China statt. Ein auf 15 Jahre angelegter Hydrogenplan der Regierung definiert den Rahmen zur Entwicklung dieser Technologie.

Vorbild für die Hydrogen-Industriepolitik sind die chinesischen Erfolge der Solarindustrie. Angestoßen durch Subventionen, die für eine Vervielfachung der Kapazitäten und damit ständig fallende Preise für Solarmodule sorgten, hat China für den weltweiten Durchbruch der Solarenergie gesorgt. Nach diesem Modell will das Land auch Trendsetter in der Hydrogenindustrie werden. Überall im Land werden Hydrogen-Tankstellen aufgebaut. In der südchinesischen Provinz Guangdong mit über 100 Mio. Einwohnern fahren Straßenbahnen mit Hydrogen. Es gibt Experimente mit Flugzeugen, die mit Hydrogen angetrieben werden. Zusammen mit einer belgischen Ingenieurfirma wird in China gerade die weltgrößte Elektrolyseanlage zur Erzeugung von »grünem« Wasserstoff gebaut.

Es gibt auch einen neuen Plan für Innovationen im Energiesektor. Für 80 verschiedene technologische Felder sind Ziele vorgegeben. An prominenter Stelle stehen Themen wie die Entwicklung fortgeschrittener Technologien für 15-MW-Offshore-Windturbinen, neue Produktionsmethoden für kristalline Siliziumzellen, die Entwicklung sicherer Mini-Kernreaktoren, die weitere Digitalisierung und intelligente Steuerung des vernetzten Energiesystems und die Förderung neuer Technologien für die saubere, effiziente Energieerzeugung aus fossilen Brennstoffen. Wenn China noch eine weitere Dekade auf Kohle als wichtigsten Energieträger setzen muss, aber gleichzeitig seine CO2-Ziele erreichen will, geht das nicht ohne wesentliche Fortschritte bei den Technologien, die die Emissionen der Kohlekraftwerke massiv reduzieren.

Mit dem neuen Action Plan for Reaching Carbon Dioxide Peak Before 2030 soll die Dekarbonisierung der chinesischen Wirtschaft noch schneller vorangetrieben werden. Der Plan setzt dabei als erster von mehreren konkreten Umsetzungsplänen spezifische Ziele in zehn Bereichen fest, etwa zum Aufbau von erneuerbaren Energieträgern, zur Speicherung von Energie oder zum »Carbon Peak«, dem Maximum des CO_2-Ausstoßes. Für sechs Themenfelder wurden weitere Umsetzungspläne verabschiedet. (China.Table #397, 16.8.2022)

Die chinesische Regierung nimmt also ihre zugesagten Verpflichtungen im Kampf gegen den Klimawandel ernst. Das zeigen auch die neueren Planungen, nach denen schon deutlich früher als 2030 das Maximum beim CO_2-Ausstoß erreicht und dann Schritt für Schritt auch absolut reduziert werden soll. Manchmal wird im Westen kritisiert, Chinas Ambitionslevel bleibe bescheiden, und das Land habe z.B. keine absolute Obergrenze für den CO_2-Ausstoß der Industrie festgelegt. Diese Kritik ignoriert einerseits das in China bisher schon Geleistete beim Umstieg auf erneuerbare Energien, etwa im Vergleich zu den USA oder Europa. Andererseits ist das weitere Wirtschaftswachstum die materielle Voraussetzung für die erfolgreiche Dekarbonisierung des Landes bis 2060 oder früher.

Wetterprobleme, Regulierung & Klimaziele

Bei der Verfolgung seiner ehrgeizigen Klimapolitik stößt China aber immer wieder auf Probleme, denn das Wetter ist eine große Unbekannte bei der Umstellung auf erneuerbare Energien. Im Sommer 2022 gab es in der bevölkerungsreichen Provinz Sichuan im Landesinneren, die im Westen von den Bergen des Himalaja begrenzt ist und bekannt für ihre gute Küche ist, eine große Trockenheit. Am Oberlauf des Yangtse fiel 40% weniger Regen als sonst, was zu Niedrigst-Wasserständen in den vielen Stauseen von Sichuan führte. Die Provinz ist der größte Produzent von Strom aus Wasserkraft. Aber durch die Trockenheit fiel Sichuans Stromerzeugung aus Wasserkraft um die Hälfte. Unter den Blackouts litten nicht nur die 84 Millionen Einwohner der Provinz, sondern auch die Menschen im Yangtse-Delta bis ins 2.000 km entfernte Shanghai, deren Klimaanlagen bei der feuchten Sommerhitze nicht mehr funktionierten (Caixin Daily, 6.9.2022).

Das andere Problem ist die staatliche Regulierung bzw. Deregulierung des Strommarktes. In der Stromkrise im Sommer 2021 hatten ehrgeizige Provinz- oder Lokalregierungen, die ihre Klimaziele unbedingt einhalten wollten, zeitweilig nicht nur große industrielle Verschmutzer wie Zementfabriken oder Stahlwerke stillgelegt, sondern auch Kohlekraftwerke mit besonders hohen Emissionen. Dazu kamen noch steigende Weltmarktpreise für Kohle. Weil die Stromversorger wegen der staatlich gedeckelten Strompreise ihre Kosten nicht mehr an die Kunden weitergeben konnten, reagierten sie mit der Drosselung ihrer Kapazitäten. Das Ergebnis waren wiederholte Blackouts im ganzen Land. In den Industrieprovinzen an der Ostküste kam es immer wieder zu Produktionsausfällen. Daraufhin schaltete sich die Zentralregierung ein und gab die Strompreise frei, damit die staatseigenen Stromerzeuger wieder Geld verdienten.

Die Regierung in Peking steckt offensichtlich in dem Dilemma, für den Energiesektor immer wieder die richtige Balance zwischen staatlicher Regulierung und dem Wirken der Marktkräfte, von Angebot und Nachfrage, zu finden. Das zeigte sich zuletzt im September 2022 in der hoch industrialisierten ostchinesischen Provinz Zhejiang, eine Region, in der Privatunternehmen dominieren. Weil die besonders unter den gestiegenen Strompreisen litten, verdonnerten die Energiebehörden die Stromerzeuger in der Region dazu, ihren Kunden Stromkosten im Umfang von insgesamt 1,3 Milliarden Yuan zu erstatten (Caixin Green Bulletin, 8.11.2022).

Dass China als heute weltgrößter Emittent von Treibhausgasen seine CO_2-Emissionsbilanz spätestens ab 2030 netto Jahr für Jahr verbessert, um 2060 karbon-neutral zu sein, erscheint angesichts der Größe der Herausforderung schwierig. Andererseits bietet das zentralisierte politische System, das die Erreichung übergeordneter Ziele durch gemeinsame gesellschaftliche Anstrengungen erleichtert und gleichzeitig auf die Rolle der Märkte setzt, strukturelle Voraussetzungen auch für die Erreichung der Klimaziele. Die Schaffung einer »ökologischen Zivilisation« und die Bio-Diversität sind in der Volksrepublik inzwischen Staatsziele.

Zudem scheint es in der Klimapolitik den für das politische System früher manchmal konstatierten »desorganisierten Despotismus« – nach dem Motto »Peking ist weit, die Berge sind hoch« – zur Kennzeichnung der Widersprüche zwischen zentralen Vorgaben und regionalen und lokalen Sonderwegen und Alleingängen nicht mehr zu geben. Die Umsetzung der Vorgaben des Staatsplans ist angesagt, dafür sprechen die drastischen Eingriffe 2021 in die Grundstoffindustrie mit erheblichen wirtschaftlichen Auswirkungen.[9]

Dafür sprechen auch die verhängten Strafen bei Verstößen gegen den Umweltschutz, wie eine Analyse der Beratungsfirma Sinolytics[10] zeigt: Danach haben in den letzten Jahren die Behörden ein effektiveres und strengeres rechtliches Umfeld geschaffen. Nach einer Auswertung der Verwaltungsstrafen in sechs ausgewählten Bereichen von 2017 bis 2022 sind die Strafen

---

9 Alexander Brown: China's quick way of going green: cutting production to cut emissions, Merics-Kurzanalyse vom 2.11.2021, online abrufbar unter: merics.org/en/short-analysis/chinas-quick-way-going-green-cutting-production-cut-emissions.

10 Zitiert nach: ChinaTable #415, 15.8.22.

in den Bereichen Produktionssicherheit und Umweltschutz am stärksten gestiegen. Dabei werden auch neue digitale Werkzeuge genutzt.

Das im aktuellen Fünf-Jahr-Plan erstmals als Priorität etablierte Ziel, die »dual-high«-Industrien (Stahl, Aluminium, Zement) zu restrukturieren und ökologisch umzubauen, blieb keine leere Ansage. Die Vorgabe, im Jahr 2021 die Stahlproduktion gegenüber dem Vorjahr abzusenken, wurde umgesetzt. Für besonders energieintensive Produkte senkte die Regierung im Mai 2021 die Importzölle auf Null und erhöhte dagegen die Exportzölle dramatisch. Stahlwerke in den Provinzen Hebei, Jiangsu, Shandong, Liaoning, Yunnan und Fujian mussten ihre Produktion drosseln. Zudem gab die Regierung den Strompreis frei, was die Produktionskosten in besonders energieintensiven Industrien nochmals verteuerte.

Als im ersten Halbjahr 2021 die meisten chinesischen Provinzen die vereinbarten Vorgaben für Energieverbrauch und Energieintensität verfehlt hatten, wurden die Provinzregierungen in den Medien an den Pranger gestellt. Alle diese Maßnahmen zusammen wirkten offenbar so sehr, dass es im Sommer 2021 zu massiven Stromausfällen kam – weil manche regionalen und lokalen Regierungen bei der Einbremsung der Emissionen übereifrig waren, aber auch, weil manche Stromerzeuger wegen gestiegener Kohlepreise diese zurückfuhren.

Nach den Erfahrungen der letzten Jahre – Blackouts und massive Stromausfälle – muss die chinesische Regierung mit widersprüchlichen Prioritäten jonglieren. Ihre Eingriffe und Kurskorrekturen wie die Genehmigungen für neue Kohlekraftwerke und die Förderung des Kohleabbaus reflektieren die Besorgnis um die stabile Stromversorgung als Voraussetzung für weiteres Wachstum, sie treiben zugleich die CO_2-Emissionen. Mit der Freigabe der Strompreise hat die Regierung aber gleichzeitig den Druck auf energieintensive Industrien erhöht, die Emissionen zu senken. Kurzfristig wird es in China also weitere Stromausfälle und wirtschaftlich schmerzhafte Produktionsunterbrechungen geben.

Wenn Produktionsstopps und andere Auflagen die Industrie dazu zwingen, mehr in Energieeffizienz und neue CO_2-arme Technologien zu investieren, lohnen sich kurzfristige Eingriffe, weil sie langfristige Erträge bringen. Das ist wohl das Kalkül der Regierung. Die Erhaltung und Stärkung der industriellen Basis des Landes und der Kampf gegen den Klimawandel sind für die chinesische Regierung keine Gegensätze – sofern die »grüne« Transformation der energieintensiven Industrien gelingt.

Trotz seines riesigen CO_2-Ausstosses hat China offenbar mit seiner staatlichen Wirtschaftssteuerung die besseren politischen und wirtschaftlichen Instrumente, um die Emissionen systematisch zu reduzieren und die Volkswirtschaft schrittweise umzubauen. Anders gesagt: Siegt der Westen nicht nur im

Wirtschaftskrieg mit China, stirbt der Planet. Diese provokative These könnte die bittere Erkenntnis sein, wenn man den Konflikt zwischen dem US-dominierten Westen und China auf dem Feld der Klimapolitik analysiert. Gelingt es den USA, dass China sich unterordnet und sich in die herrschende Weltwirtschaftsordnung einfügt, dann ist die Klimakatastrophe unvermeidlich.[11]

Wir befinden uns zugleich in einer ökonomischen wie ökologischen Krise. Die Austeritätspolitik in den kapitalistischen Kernstaaten nach der Finanzkrise brachte dem chinesischen Staatsinterventionismus einen klaren Wettbewerbsvorteil, der sich auch in der Klimapolitik und dem erfolgreichen Ausbau der erneuerbaren Energien zeigt. Die Unterordnung unter die westliche Weltwirtschaftsordnung würde diesen Vorteil zunichtemachen. Donald Trump sprach von »unfair competition« und prangerte »illegal government subsidies« in China an. Damit meinte er dessen Entwicklungsmodell. Wenn die EU vom »systemischen Rivalen« spricht, dann ist damit ebenfalls die dominierende Rolle des Staates in der chinesischen Volkswirtschaft gemeint.

[11] Ingar Solty: Der kommende Krieg. Der USA-China-Konflikt und seine industrie- und klimapolitischen Konsequenzen, erschienen in der Reihe Analysen#61 der Rosa-Luxemburg-Stiftung, Berlin 2020.

Kapitel 7
Die weitere Entwicklung hat oberste Priorität

Die Volksrepublik China steht vor gravierenden wirtschaftlichen und sozialen Problemen, die die innere Stabilität gefährden können. Zudem ist sie international mit einem Kreuzzug des Westens unter Führung der USA konfrontiert. Welche Schwerpunkte setzt die chinesische Regierung in dieser Lage? Konflikt mit dem Westen, um von den eigenen Problemen abzulenken? Oder weiterer Aufbau des Landes?

Aus den Verlautbarungen der Kommunistischen Partei und der Regierung – ob vom Parteitag im Herbst 2022 oder von der Tagung des Volkskongresses, des chinesischen Parlaments, im Frühjahr 2023 – lassen sich keinerlei Hinweise auf eine zunehmend aggressive internationale Politik ablesen. Wie bereits im Kapitel 3 ausführlich dargelegt, betrifft das auch die Taiwan-Frage. Stattdessen hat für die Partei und die Regierung, vor allem aber für die Menschen in dem Riesenland die Entwicklung die oberste Priorität. Denn trotz der enormen Erfolge bei der wirtschaftlichen und sozialen Entwicklung ist es noch ein langer Weg, bis China auch bei der Wirtschaftsleistung pro Kopf mit den reichen Industrieländern mithalten kann. Nach Kaufkraftparitäten gerechnet ist es heute zwar schon die weltgrößte Wirtschaftsmacht und wird die USA demnächst auch bei der Wirtschaftsleistung in Währungsrelationen überholen. Aber das Pro-Kopf-Einkommen beträgt nur ein Viertel dessen der USA. 2035 will China bei der Pro-Kopf-Wirtschaftsleistung so weit sein, wo heute Spanien steht. Die aktuellen Probleme zeigen, dass der weitere Entwicklungsweg kompliziert und alles andere als krisenfrei ist.

Zwei Ereignisse der letzten Monate zeigen schlaglichtartig, worin die Herausforderungen vor allem bestehen: Die soziale Spaltung ist hoch, und insbesondere die Lage der Wanderarbeiter hat sich nicht wesentlich verbessert. Die wirtschaftlichen Ungleichgewichte sind massiv, der Anteil des Binnenkonsums an der Wirtschaftsleistung ist zu gering, die Immobilienkrise nicht gelöst.

Herausforderung soziale Spaltung & Wanderarbeiter

Zum Frühlingsfest, das 2023 nach dem chinesischen Kalender am 20. Januar begann, gab es wie jedes Jahr eine riesige Völkerwanderung. Die Eisenbahn rechnete mit über zwei Milliarden Bahnfahrten, darunter solche, bei denen hunderte Millionen Arbeitsmigranten, die in den Industriezentren und Metropolen arbeiten und zu den Feiertagen in ihre Heimat auf dem Land gefahren sind, um ihre Eltern und auch die eigenen Kinder, falls diese bei den Großeltern in den Dörfern leben, wiederzusehen. Wegen der Corona-Pandemie und der harten Lockdown-Politik hatte es in den letzten Jahren wenig Gelegenheit dazu gegeben, und viele Arbeitsmigranten kommen nur einmal im Jahr aus Anlass des Frühlingsfests zu ihren Familien. Umso wichtiger ist es für die Arbeitsmigranten, das in den Metropolen verdiente und ersparte Geld zum Fest ihren Familien mitzubringen. Außerdem suchen sehr viele Arbeitsmigranten nach den Feiertagen einen neuen Job. Ein deutscher Autozulieferer in der Nähe von Shanghai zahlte vor Jahren jedem Arbeiter eine Prämie von mehreren (!) Monatslöhnen, wenn er/sie nach den Feiertagen an den Arbeitsplatz zurückkehrte.

Millionen von Arbeitsmigranten hatten in den Wochen vor dem diesjährigen Frühlingsfest Probleme mit ausstehenden Löhnen, in ganz China kam es deswegen zu Arbeiterprotesten. Viele Arbeitgeber standen selber unter Druck oder waren insolvent aufgrund der wirtschaftlichen Misere, die die harsche Lockdown-Politik und die seit Jahren andauernde Immobilienkrise verursacht haben. Nach Angaben der Financial Times (25.1.2023) protestierten Arbeiter in zahlreichen Städten, um ihre ausstehenden Löhne einzufordern. Die Lokalbehörden reagierten heftig und drohten den Protestierenden mit Strafen, weil sie »extremistische Proteste« wie Verkehrsblockaden oder Kundgebungen vor Regierungsgebäuden organisiert hatten.

Es gibt viele Berichte, dass Arbeitgeber den Arbeitern ihre Löhne teilweise nicht zahlen, darunter überschuldete Bau- und Immobilienkonzerne, die viele Millionen Arbeitsmigranten beschäftigen, aber auch Betreiber von Covid-Testzentren, die ihre Ausgaben bislang nicht von den klammen Lokalbehörden erstattet bekommen haben. Verschärft werden die Probleme durch die schlechte Umsetzung der Arbeitsgesetze. Das macht es für die Beschäftigten schwer, auf legalem Wege an ihr Geld zu kommen.

Chinas Lokalbehörden erklären zwar immer wieder, dass sie die Arbeitsgesetze respektieren, aber offenbar haben sie diesmal entschieden, die Arbeitgeber als größte Steuerzahler zu unterstützen. Solange die Unternehmen knapp bei Kasse sind, können auch die Lokalbehörden sich selbst nicht finanzieren. Unter anderem durch die von der Zentralregierung angeordneten und von den Lokalbehörden organisierten Covid-Massentests wurden die Kassen der Städte und Kreise geleert, und auch die Betreiber der Testzentren konnten deshalb die Löhne nicht zahlen. Die Zentralregierung wiederum warnte, sie werde die klammen Lokalregierungen nicht sanieren.

In Chongqing gab es im Januar 2023 Zusammenstöße zwischen hunderten Arbeitern und der Polizei, als ein Unternehmen für die Produktion von Covid-Tests verlangte, die Mitarbeiter sollten unbezahlten Urlaub nehmen.

Die Beschäftigten erklärten, sie hätten auf friedlichem Wege alles versucht, ihre Löhne einzufordern, aber es funktioniere nicht. In einem Kreis der Provinz Guangdong drohte das Personal- und Sozialbüro protestierenden Arbeitern mit Strafanzeigen, sollten sie Regierungsbeamte unverhältnismäßig kritisieren oder drohen, sich selbst zu verletzen. Man müsse angemessene Mittel wählen, um seine Interessen durchzusetzen, bösartige Methoden seien strengstens verboten. Die Polizei im Kreis Linyi in der ostchinesischen Provinz Shandong verhaftete fünf Arbeiter, die sich wegen ausstehender Lohnzahlungen bei oberen Ebenen der Kreis- bzw. Provinzregierung beschwert hatten. Es sei absolut unakzeptabel, sich mit Beschwerden an übergeordnete Regierungsebenen zu wenden, das störe die soziale Ordnung.

Manche Arbeiter ließen sich davon nicht abschrecken. In Zhengzhou, der Hauptstadt der zentralchinesischen Provinz Henan, kampierte ein Bauarbeiter tagelang im Ausstellungsraum des Immobilienentwicklers. Er weigerte sich, den Ausstellungsraum zu verlassen, bis er den ausstehenden Lohn für drei Monate bekommen hatte. Die Polizei drohte ihm mit Verhaftung, aber er erklärte: »Mir macht es nichts, Tage und Wochen hinter Gittern zu verbringen, wenn ich kostenloses Essen und freie Unterkunft bekomme.«

Es gibt keine Berichte darüber, dass die Staatsgewerkschaften bei diesen Protesten oder bei der Unterstützung der Arbeiter eine Rolle spielten. Zwar ist deren Politik eher auf die Hilfe bei der Durchsetzung persönlicher Ansprüche – dazu gehören auch ausstehende Lohnzahlungen – ausgerichtet, weniger auf die Durchsetzung von Kollektivrechten (z.B. Tarifverträge), aber vermutlich haben sie sich bei diesen Fällen den Lokalbehörden untergeordnet.

Anfang Februar 2023 demonstrierten in der Millionenstadt Wuhan in Zentralchina tausende Rentner vor dem Sitz der Stadtregierung am Yangtse-Fluss. Sie forderten die Rücknahme der von der Stadtregierung beschlossenen Kürzungen der Erstattung für medizinische Leistungen. Die Polizei hatte das Bürogebäude abgeriegelt. »Normale Leute wie uns abzocken? Warum fangt ihr Beamten nicht zuerst bei Euch selbst an und halbiert Eure Vergünstigungen?« (Financial Times, 9.2.2023)

Andere Demonstranten umzingelten Polizeifahrzeuge und sangen die Internationale. Einige wurden auch verhaftet. Die meisten Demonstranten waren ehemalige Mitarbeiter des Staatskonzerns Wuhan Iron and Steel (WISCO, inzwischen mit dem Staatskonzern Baosteel verschmolzen) und anderer Staatskonzerne. Sie protestierten gegen eine erhebliche Kürzung der Erstattungen für Gesundheitsleistungen im Zuge einer Reform der gesetzlichen Krankenversicherung. Die Stadtregierung von Wuhan hatte angekündigt, die Erstattung von Gesundheitskosten von bisher 260 RMB pro Monat auf 88 bzw. 82 RMB zu reduzieren. Der maximale Erstattungsbetrag sollte von 4.000 RMB auf 1.300 RMB fallen.

Die Rentner kündigten weitere Demonstrationen an, sollten die Kürzungen nicht zurückgenommen werden. Nach Berichten ist die Reform inzwischen gestoppt. Ein Kommentar auf Sina Weibo, einer chinesischen Social Media-Plattform lautete: »Rentner sind normalerweise eine furchtsame Gruppe, die ein ruhiges Leben wollen. Wenn selbst Rentner aus Verzweiflung demonstrieren, muss man die Politik überprüfen.« Ein anderer kommentierte: »Wenn ich an meine künftige Rente denke, schreckt diese Reform mich ab, weiter in die Sozialversicherung einzuzahlen.«

Einbruch bei der Beschäftigung & beim privaten Konsum

Die Nachrichten vom chinesischen Arbeitsmarkt im Herbst 2022 waren nicht sehr erbaulich: Die Arbeitslosigkeit unter städtischen Jugendlichen zwischen 16 und 24 stieg im Juli 2022 auf 19,9%; im Vorjahr lag sie im Durchschnitt noch bei 14% (Caixin, 16.8.2022). Also jeder fünfte Jugendliche, der als Einwohner z.B. von Shanghai (und damit nicht als Wanderarbeiter) registriert war, war arbeitslos. Die Arbeitslosenquote aller Stadtbewohner von Shanghai lag bei 12% (Caixin, 21.7.2022). Der damalige Ministerpräsident Li Keqiang beschrieb die Beschäftigungslage in China als »komplex und grimmig«.

Besonders hoch ist die Arbeitslosigkeit unter Hochschulabsolventen. Fast 11 Millionen, 18% mehr als im Vorjahr, drängten 2022 auf den Arbeitsmarkt. Weniger als die Hälfte hatte im April ein Jobangebot, zum gleichen Zeitpunkt 2021 hatten schon 60% von ihnen ein solches erhalten. Die Einstiegsgehälter sind deutlich niedriger, bei 6.500 RMB oder umgerechnet 970 US-$ gegenüber 7.400 RMB im letzten Jahr (Economist, 28.5.22). Die Einstiegslöhne in der Industrie im Perlflussdelta mit den Metropolen Shenzhen und Guangzhou sind auf 9 bis 10 RMB pro Stunde gefallen (Caixin, 7.7.2022). Die finanziell strapazierten öffentlichen Arbeitgeber haben den Beschäftigten Boni gestrichen, die einen erheblichen Teil der Gehälter ausmachen.

Während es deutlich mehr Arbeitssuchende gibt – noch verstärkt durch die Rückkehr von ca. einer Million Studenten aus dem Ausland u.a. aufgrund der Corona-Pandemie im Westen –, ist die chinesische Wirtschaft eingebrochen: Durch die zahlreichen Lockdowns, die gerade die Wirtschaftsmetropolen getroffen haben, wuchs die Volkswirtschaft 2022 insgesamt nur noch um 3% im Vergleich zum Vorjahr, auch wenn Industrieproduktion und die Exporte weiter zulegten. Das für 2022 anvisierte Wachstumsziel von etwa 5% hat die Regierung kassiert. Der Dienstleistungssektor, in dem die meisten Hochschulabsolventen unterkommen, kontrahierte gegenüber dem Vorjahr. Die zunehmende staatliche Regulierung des Technologiesektors – z.B. eine 9-Monats-Sperre für neue Lizenzen für Computerspiele – führte in der Branche zu vielen tausend Entlassungen. Außerdem hat Xi Jinpings im Grundsatz richtige bildungspolitische Ansage der »zwei Reduzierungen« – weniger Hausaufgaben an den Schulen für die chronisch überlasteten Schüler und gleichzeitig die Beschneidung der Geschäfte der aufgeblähten privaten Nachhilfe-Industrie, die die Schüler für teures Geld für die Zulassungsprüfungen der besten Universitäten fit machen sollen – ein wichtiges Jobventil für Hochschulabsolventen geschlossen. Denn über sechs Millionen meist junge Hochschulabsolventen arbeiteten 2021 als Tutoren in der Nachhilfeindustrie. Im Sommer 2022 hatten sich über elf Millionen Kandidaten zu den Aufnahmeprüfungen für das Lehramt an staatlichen Schulen angemeldet, ein neuer Rekord. Viele Jahre machten chinesische Hochschulabsolventen um den Öffentlichen Dienst und speziell um die Schulen einen großen Bogen, weil Unternehmen und besonders die Privatwirtschaft besser zahlten.

Die aktuelle Jobmisere der Hochschulabsolventen verdeckt ein anderes, größeres Problem, das angesichts der vielen lobenden Berichte im Westen über den Lerneifer von Chinas Schülern und Studenten meist vergessen wird. Nach Daten der OECD und des National Bureau of Statistics hatten nach der Volkszählung von 2020 nur 36,6% der Bevölkerung im arbeitsfähigen Alter (zwischen 25 und 64) eine Oberschule (Highschool) oder eine vergleichbare Berufsschule abgeschlossen oder hatten einen akademischen Abschluss. Die meisten Arbeitnehmer haben nur neun Pflicht-Schuljahre absolviert, ältere Arbeiter sogar noch weniger. Das sind 20% weniger als im Durchschnitt der G20-Länder, weit unter den Zahlen für Brasilien, Mexiko, Südafrika oder die Türkei. Auch wenn internationale Vergleiche von Bildungsstandards mit Problemen behaftet sind, lässt sich festhalten, dass China ein Produktivitätsproblem bekommen wird, weil die meisten Arbeitskräfte im arbeitsfähigen Alter über keine solide Berufsausbildung verfügen. Deshalb setzt der bildungspolitische Kurswechsel der chinesischen Regierung auch auf verstärkte (berufs-) praktische Ausbildung.

Von der Zero-Covid-Politik der chinesischen Regierung war weniger die Industrieproduktion, sondern vor allem der private Verbrauch betroffen. Die Zuversicht der chinesischen Konsumenten lag im Sommer 2022 auf dem niedrigsten Wert seit Beginn der Aufzeichnungen in China (Economist, 18.8.2022). Der Konsum der privaten Haushalte, der nach den Zielen der Regierung immer mehr den Export als Treiber der Volkswirtschaft ersetzen soll, ist 2022 inflationsbereinigt gefallen.

Fernes Ziel: »gemeinsamer Wohlstand«

Im Januar 2021 erklärte Xi Jinping, Parteichef und Staatspräsident: »Wir können es nicht zulassen, dass die Kluft zwischen Reich und Arm weiter wächst [...] Wir können es nicht zulassen, dass die Einkommensunterschiede unüberbrückbar werden«. »Gemeinsamer Wohlstand« ist das offiziell erklärte Ziel der KPCh und der chinesischen Regierung. In seinem Bericht an den 20. Parteitag im Oktober 2022 erklärte Xi Jinping: »Wir müssen uns bemühen, den Anteil des Bevölkerungseinkommens am Nationaleinkommen zu erhöhen und den Anteil der Löhne und Gehälter an der Primärverteilung zu vergrößern [...] Es gilt, die Chancengleichheit zu fördern, die Einkommen von Geringverdienern zu erhöhen und die Gruppe der Durchschnittsverdienenden zu vergrößern.«[1] Den klaren Botschaften sind bislang wenig Taten gefolgt. Die bis Ende 2022 verfolgte Zero-Covid-Politik der Regierung hat die Lage der ärmeren Chinesen eher weiter verschlechtert. Damit steht aber eine der Säulen der Legitimität der KPCh infrage: das Versprechen eines Lebensstandards für alle Chinesen, der mindestens die Grundbedürfnisse sichert. Nach der Interpretation vieler westlicher China-Wissenschaftler gibt es einen impliziten Gesellschaftsvertrag der KPCh mit den 1,4 Milliarden Menschen in China. Dieser gesellschaftliche Konsens besteht darin, dass die Partei für Arbeitsplätze, Wohnen, Essen und Sicherheit sorgt und dass dafür gleichzeitig die Herrschaft der Partei und die Einschränkung politischer Rechte akzeptiert werden.

Offiziell ist die bessere soziale Integration der Wanderarbeiter oder Arbeitsmigranten ein Dauerthema der chinesischen Politik. Die realen Zahlen sprechen eine andere Sprache und sind bedrückend: Mehr als ein Viertel der über 280 Mio. Wanderarbeiter in China hat keine eigene Toilette. 80 Millionen Wanderarbeiter sind inzwischen über 50 Jahre als und haben keine längerfristige Job- und vor allem keine Rentenperspektive. Chinas Sozialversicherungssystem ist regional organisiert und bevorzugt die festangestellten Beschäftigten (mit Registrierung als Stadtbewohner). Nach einer Studie von 2016 leiden zwischen 16 und 27% der Schüler in Teilen des ländlichen China unter Anämie, weil ihnen Vitamine und Eisen fehlen. Gleichzeitig hatte China 2021 nach einer Zählung des US-Wirtschaftsmagazins Forbes 698 Milliardäre, nach Schätzungen wird sich bis 2025 die Zahl der Superreichen nochmals verdoppeln.

Die chinesische Regierung hat ihre eigenen Ziele bei der Verbesserung der Lage der Wanderarbeiter bislang nicht erreicht: In ihren Plänen von 2014 für

---

[1] Bericht von Xi Jinping auf dem XX. Parteitag der Kommunistischen Partei Chinas (16. Oktober 2022), zitiert nach der inoffiziellen Veröffentlichung in deutscher Sprache.

eine bessere Urbanisierung gab sie das Ziel vor, bis zum Ende 2020 den Prozentsatz der Stadtbewohner mit dem sogenannten Hukou[2] um 2% zu steigern. Zum besseren Verständnis: Absolut hätten davon ca. 30 Mio. Wanderarbeiter profitiert. Damit sollte die Kluft zwischen »richtigen« Stadtbürgern (2014 waren es 35% der Gesamtbevölkerung) und Einwohnern der Städte (damals 53,7% der Gesamtbevölkerung) reduziert werden. Die Schere ist bis 2020 aber nochmals um 1% auseinander gegangen (Economist, 24.9.2022).

Chinas offiziell gemessener Gini-Koeffizient, ein international akzeptierter Maßstab für die Berechnung gesellschaftlicher Ungleichheit (ein Wert von Null bedeutet vollkommene Gleichverteilung), liegt bei 46,5%, höher als in den USA oder anderen entwickelten Volkswirtschaften. Nach Daten der Weltbank liegt die Volksrepublik niedriger, weil sie in ihre Berechnungen die niedrigeren Preise in den Landgebieten berücksichtigt. Die Forscher um Thomas Piketty kommen dagegen zu einem noch höheren Gini-Koeffizienten als die offiziellen Daten (Economist, 2.10.2021).

Zwar ist der Gini-Koeffizient seit 2008 gesunken, aber daran, dass China noch immer eine höchst ungleiche Gesellschaft ist, hat sich nichts geändert. Die Einkommensunterschiede zwischen Stadt und Land haben sich relativ verringert, aber nicht die zum Beispiel innerhalb einer Stadt oder in einem Stadtviertel. 2014 hatte das oberste Fünftel der chinesischen Haushalte ein fast elfmal so hohes Pro-Kopf-Einkommen wie das unterste Fünftel. Diese Relation ist bis 2019 zwar leicht gefallen, aber in hartem Geld betrug die Differenz pro Kopf 69.000 RMB im Jahr 2019 gegenüber 46.000 RMB 2014.

Covid-Politik hat soziale Ungleichheit verschärft

Die bis Ende 2022 verfolgte Zero-Covid-Politik der Regierung hat es für hart arbeitende arme Chines*innen noch schwerer gemacht, etwa in die Mittelschicht voranzukommen. Ein Beispiel: Im Januar 2022 veröffentlichten die Behörden der Stadt Peking zum Zweck der Kontaktverfolgung die Daten von zwei Corona-Infizierten. Ein 44-jähriger Wanderarbeiter arbeitete als Tagelöhner auf der Suche nach Arbeit innerhalb von 18 Tagen auf 30 (!) verschiedenen Baustellen. Er musste eine große Familie ernähren. Dagegen verbrachte eine ebenfalls infizierte junge Büroangestellte die ersten Januarwochen mit Skifahren und mit Einkäufen unter anderem in den Läden des französischen Luxusgüterherstellers Dior. Die Veröffentlichung dieser Daten sorgte für eine lebhafte Debatte in den sozialen Medien (Economist, 7.9.2022).

---

[2] Ein in der Volksrepublik China verbreitetes System der staatlichen Haushaltsregistrierung bzw. Wohnsitzkontrolle.

Besondere Probleme gibt es in Chinas Plattform-Ökonomie, wo die Profite (oder zumindest die Umsätze) der Start-ups etc. auf der schlecht bezahlten Arbeit der formal selbständigen Lieferanten, in der Regel Wanderarbeiter, basieren. Es gibt immer wieder Proteste und Streiks. Im Herbst 2022 wurden die Büros des Lieferdienstes MissFresh von unbezahlten Lieferanten belagert.

Die meisten Arbeitsmigranten arbeiten im Dienstleistungssektor, etwa in Restaurants, Hotels oder Wäschereien. Mit den Lockdowns verloren viele ihre Arbeit und mussten Gelegenheitsjobs mit deutlich schlechterer Bezahlung annehmen. Nach Untersuchungen chinesischer Sozialwissenschaftler sind seit Beginn der Pandemie die Rücklagen der Haushalte mit niedrigen Einkommen, meistens Arbeitsmigranten, von Quartal zu Quartal weiter gefallen, während die Vermögen der Haushalte mit höheren Einkommen weiter wuchsen. Mit einer Registrierung als Landbewohner haben Arbeitsmigranten kaum Anspruch auf Sozialleistungen und bekommen als letzte Unterstützung von den städtischen Behörden. Bei dem langen Lockdown in Shanghai mussten viele auf den Straßen leben, weil sie sich keine Miete leisten konnten. Der Weg zurück aufs Dorf war auch keine Alternative, denn sie mussten befürchten, wegen Lockdowns, Quarantäne etc. nicht zurück zur Arbeit in die städtischen Zentren zu kommen.

Für hunderte Millionen haben die Pandemie und die jahrelange Lockdown-Politik der Regierung die fragile Balance zwischen der Arbeit und dem Geldverdienen in der Stadt und ihrer Familie auf dem Land zerstört. Betroffen sind ärmere Familien und ganz besonders deren Kinder, die meist in den Dörfern bei den Großeltern leben. Nach UN-Angaben waren schon 2020 – im ersten Corona-Jahr – weltweit 1,5 Milliarden Schulkinder von Schulschließungen betroffen; ein Drittel der Schüler hatte keinen Zugang zu Online-Unterricht. Immerhin waren in den Jahren vor 2020 Fortschritte zu verzeichnen: Das Bildungsgefälle zwischen den eher Wohlhabenden in den Städten und ärmeren Chinesen auf dem Land wurde geringer – durch hohe staatliche Investitionen in die Schulen in Landgebieten und durch die Finanzierung der Lehrergehälter durch die Zentralregierung statt durch finanziell klamme Kommunen. Nach dem Ende der drastischen Corona-Politik ist klar, dass die Kinder aus ärmeren Haushalten und in den Dörfern längerfristig wahrscheinlich die Hauptleidtragenden der Corona-Politik sind. Die Ungleichheit wird sich damit weiter verstärken, und die in ärmeren Haushalten aufgewachsenen Jugendlichen werden besonders unter der Rekord-Jugendarbeitslosigkeit leiden.

Eine ähnliche Benachteiligung für Kinder aus ärmeren Familien gab es beim Online-Unterricht. Während die Eltern in wohlhabenden Familien die Defizite durch persönliche Betreuung ausgleichen konnten, fielen diese besonders stark zurück. Zudem leben die Kinder von Arbeitsmigranten viele

Monate von den Eltern getrennt. Ihre Ausbildung, der einzige Weg zum sozialen Aufstieg, ist versperrt. Schon nach dem ersten Lockdown 2020 hatten Forscher der Jinan University in Ostchina festgestellt, dass sich das Lerngefälle zwischen Schülern, deren Eltern eine Universitätsausbildung hatten, und den Schülern, deren Eltern nur einen Hauptschulabschluss hatten, deutlich vergrößert hatte. Das ist auch die empirische Evidenz von chinesischen Lehrern nach fast drei Jahren von Online-Unterricht (Financial Times, 3.1.2023).

Mit Infrastruktur-Stimulus gegen die Wirtschaftskrise

Mit großen Infrastrukturprogrammen will die chinesische Regierung die aktuelle Wirtschaftskrise und die sozialen Probleme überwinden. Im Mai 2022 erklärte der damalige Ministerpräsident Li Keqiang in einer Videoschalte mit tausenden regionalen Funktionären, dass Investitionen im Transportsektor, für die Konservierung von Wasser und für die Renovierung alter Wohnquartiere einen starken Anschub für die Wirtschaft und für die Beschäftigung der Arbeitsmigranten geben sollte. Dazu gehören auch 102 Schlüsselprojekte, die im aktuellen Fünf-Jahr-Plan aufgeführt sind, darunter Flutkontrollen, neue Ultra-Hochspannungslinien und Hochgeschwindigkeits-Bahntrassen und vierspurige Schnellstraßen, darunter eine zur berühmten Stadt Shangri-La in der südwestchinesischen Provinz Yunnan.

Ob all diese Infrastruktur-Investitionen wirklich gebracht werden oder ob da mit viel Beton weiße Elefanten ins Land gestellt werden, lassen wir mal dahingestellt. Nach einer von der Weltbank 2020 veröffentlichten Analyse[3] wuchs Chinas Bestand an Infrastruktur und öffentlichem Kapital von 64% der Wirtschaftsleistung im Jahr 2007 auf 107% im Jahr 2016. Dieser starke Anstieg könnte die Verlangsamung des Wachstums der Produktivität im letzten Jahrzehnt erklären. Der Vergleich der Infrastruktur einer Volkswirtschaft mit der Wirtschaftsleistung ist zwar sinnvoll, denn eine größere Volkswirtschaft braucht eine größere Infrastruktur als Grundlage. Aber nach dieser Logik haben ärmere Länder eine schlechtere Infrastruktur, weil die Wirtschaftsleistung geringer ist. Wichtiger ist das Verhältnis von Infrastruktur zur Bevölkerungszahl. Danach ist die oft sehr moderne Infrastruktur der Volksrepublik weniger eindrucksvoll: China hat 120 km Autobahnen pro eine Million Einwohner, Frankreich 179 km und die USA 326 km. Was die Eisenbahnkilometer betrifft, sind es in China 106 km, in Deutschland dagegen 400 km. Chinas Me-

[3] Richard Herd: Estimating Capital Formation and Capital Stock by Economic Sector in China : The Implications for Productivity Growth, World Bank Working Paper No. 9317, Washington 2020, unter: https://openknowledge.worldbank.org/handle/10986/34126.

tronetze sind insgesamt 20-mal so lang wie die in Frankreich, aber mehr als 20-mal so viel Menschen leben dort in Städten mit über 500.000 Einwohnern als in Frankreich. Nach Schätzungen hat China nur 4,4 Intensivbetten in Kliniken pro 100.000 Einwohner gegenüber 14 in den USA – eine katastrophale Knappheit, wie die drastischen Reaktionen auf Covid-Ausbrüche zeigten.

Gleichzeitig ist klar: Ohne die Ausgabenprogramme der chinesischen Regierung wäre die gesellschaftliche Nachfrage nicht ausreichend, um die Riesenanzahl von Arbeitskräften und das Kapital produktiv zu beschäftigen.

Zur Bekämpfung der Wirtschaftskrise geht die Zentralregierung auch gegen etablierte Interessen vor: Im April 2022 veröffentlichen das ZK der KPCh und das Kabinett der Regierung ein gemeinsames Dokument mit der Forderung nach einem einheitlichen nationalen Markt. Angesichts der erfolgreichen Abkehr von der einseitigen Orientierung auf den Export – Chinas Exporte an der gesamten Wirtschaftsleistung fielen im Jahr 2020 auf 14% – ist die Umsetzung eines einheitlichen inneren Marktes besonders wichtig. Das längerfristige Problem sind die Partikularinteressen der lokalen Kader. (Economist 23.7.2022)

Chinas wohl größter Vorteil ist der immer noch weitgehend geschlossene Kapitalmarkt: Privates Kapital kann nur in sehr begrenztem Maße abgezogen werden und dadurch das Finanzsystem destabilisieren. In fast allen Finanzkrisen der Schwellenländer war Kapitalflucht eines der größten Probleme. In China ist das anders, weil dort die Kreditvergabe nahezu vollständig durch einheimische Finanzinstitutionen erfolgt. Außerdem werden die Kredite fast ausschließlich in einheimischer Währung vergeben.

Immobilienblase & Hypothekenstreiks

Je nach Berechnung hat der Bau- und Immobiliensektor mitsamt Baufirmen und Zulieferern aus der Stahl- und Zementindustrie sowie der Möbelindustrie und den Herstellern von Baumaschinen etc. bislang zwischen 23 und 29% zur gesamten Wirtschaftsleistung des Landes beigetragen. Dieser Anteil ist im internationalen Vergleich riesig und alles andere als nachhaltig. Zwar hatte (und hat) China einen enormen Nachholbedarf an Wohnungen, verstärkt durch die rasche Urbanisierung, sowie an gebauter Infrastruktur. Aber die Privatisierung des Immobiliensektors verbunden mit dem Finanzierungsbedarf der Kommunen, deren Haupteinnahmequelle der Verkauf (auf Zeit) von kommunalem Land an Immobilienkonzerne ist, und dem Interesse der Privathaushalte an einer guten Geldanlage haben viele Jahre lang einen Motor angetrieben, der das ganze Land mit Hochhaussiedlungen überzogen hat. Etwa 70% der privaten Ersparnisse stecken inzwischen in Immobilien, deren Preise bislang nur eine Richtung kannten: nach oben! Viele Haushalte haben zwei und mehr Immobilien. Und auch Chinas staatliche Banken haben an dem großen Rad mitgedreht.

Jetzt ist seit Jahren Krise auf dem Immobiliensektor: Die Wohnungspreise fallen, im Juli 2022 um 28% gegenüber dem Vorjahr, große Immobilienentwickler sind insolvent. Die hoch verschuldeten Immobilienkonzerne haben die Bauarbeiten oder den Start von Projekten, die längst verkauft sind, gestoppt. Im Gegenzug haben in ganz China frustrierte Wohnungskäufer begonnen, ihre Hypotheken nicht mehr zu bedienen, solange nicht gebaut wird. Nach im Internet veröffentlichten Dokumenten betrifft der Stopp der Hypothekenzahlungen inzwischen 319 Projekte in 93 Städten (Economist, 23.7.2022). Nach Daten der Deutschen Bank sind von dem Boykott bislang ca. 5% der insgesamt verausgabten Hypotheken betroffen. Sollte sich der Boykott weiter ausbreiten, könnten speziell kleinere Regionalbanken in Schwierigkeiten geraten.

Die Anzahlungen der Käufer waren für Chinas Immobilienkonzerne bislang eine der wichtigsten Liquiditätsquellen. 2021 wurden 90% aller Immobilien vor Baubeginn verkauft, 2005 waren es nur 58%. Es war eine Art Schneeballsystem: Mit dem Geld der Käufer konnten die Immobilienentwickler von den Kommunen weitere Grundstücke erwerben und gleichzeitig bei den Banken die Finanzierung für die Fertigstellung der Projekte sichern.

Trotz der großen Bedeutung des Immobiliensektors scheint ein Finanzcrash unwahrscheinlich. Viele lokale Behörden, deren Finanzlage von den Landverkäufen an die Entwickler abhängt, haben inzwischen begonnen, auf die Fertigstellung der bereits bezahlten und begonnenen Projekte zu dringen und die Vermögenswerte der insolventen Entwickler zu restrukturieren. Der Parteichef der zentralchinesischen Provinz Hunan versuchte, den Kauf von Wohnungen zu stimulieren mit der erstaunlichen Ansage, man könne auch mehr als zwei oder drei Wohnungen besitzen. Xi Jinping hatte dagegen wiederholt verkündet, Immobilien seien zum Wohnen da, aber nicht zur Spekulation.

Die Zentralregierung setzt dagegen eher auf eine allmähliche Korrektur des überhitzten Immobilienmarkts, die Normalisierung des Anteils des Sektors an der Volkswirtschaft und um die schrittweise Abwicklung der meist hoch verschuldeten Immobilienkonzerne. Es geht um die Fertigstellung bereits begonnener Projekte, was einen Aufwand von insgesamt etwa 2 bis 4% der Wirtschaftsleistung erfordern würde. Nicht um eine Garantie, dass alle auf dem Papier gekauften Immobilien auch gebaut werden. Das wäre ein Blankoscheck für die Immobilienkonzerne.

Außerdem muss die Zentralregierung sehr vorsichtig bei der Lösung der Immobilienkrise sein, weil die Landverkäufe der Kommunen an Immobilienkonzerne bislang einen Großteil der Kommunalfinanzierung ausgemacht haben – über 30% (Economist, 4.9.2021). Der Boden ist seit der Gründung der Volksrepublik 1949 gesellschaftliches Eigentum, es gibt keinen privaten Landbesitz. Seit den Wirtschaftsreformen der 1980er-Jahre praktizieren die chinesischen Behörden das Modell der Erbpacht: Für maximal 70 Jahre können Private und Unternehmen einen Titel an einem Stück Land erwerben und mit dem Land nach Gusto verfahren. Üblich sind Auktionen, in denen die Landstücke an die Meistbietenden versteigert werden.

Im Jahr 2021 sind die Einnahmen der meisten Kommunen aus Landverkäufen erstmals gefallen. In 13 der 31 chinesischen Provinzen fielen die Einnahmen aus dem Verkauf von Landnutzungsrechten sogar um über 20%, darunter in Xinjiang in Nordwestchina und in den von Schwerindustrie geprägten nordostchinesischen Provinzen Heilongjiang, Jilin und Liaoning (Caixin, 29.12.2021). Dabei hatten die Kommunen die Regeln für die Landauktionen schon erleichtert, um auch private Immobilienentwickler mit knapper Liquidität anzulocken. Im Schlussquartal 2021 lagen die durchschnittlichen Landpreise in 300 großen und mittleren Städten nur um 3% höher als die Mindestgebote. Noch sechs Monate vorher hatte der durchschnittliche Preisaufschlag über die Mindestgebote bei 17% gelegen.

Chinas kleinere Städte (immer noch sehr groß nach unseren Maßstäben) sind besonders von dem Preisverfall auf dem Immobilienmarkt betroffen. Zur Ankurbelung der Verkäufe haben sie die Grunderwerbssteuer abgesenkt oder bezuschussen direkt die Wohnungskäufe. In einigen Regionen werden auch Landbewohner ermuntert, Immobilien in der Stadt zu kaufen, obwohl sie kein Zertifikat als Stadtbewohner, das sogenannte Hukou, haben (Caixin, 25.12.2021).

Wohnungen als Ware & als Geldanlage

Mit den marktwirtschaftlichen Reformen nach dem Ende der Kulturrevolution ging die KPCh auch die Wohnungsfrage mit den Instrumenten des Marktes an – mit der Folge, dass die Volksrepublik weltweit einer der höchsten Wohneigentumsquoten ausweist, andererseits nach 40 Jahren mit massiven volkswirtschaftlichen Verzerrungen und sozialen Verwerfungen zu tun hat. 1980 lebten noch fast 80% der Chinesen auf dem Land. Die landwirtschaftlichen Kollektive – die später aufgelösten Volkskommunen – sorgten für die Wohnungen der Bauern. Eine Binnenwanderung und damit der Zuzug von Landbewohnern in die Städte war praktisch unmöglich. In den Städten stellten die Staatsbetriebe und die Behörden den Wohnraum für ihre Beschäftigten und deren Familien zur Verfügung. Die Wohnungen waren meist sehr klein. Familien wohnten äußerst beengt in einem Zimmer, aber Wohnen kostete praktisch nichts. Junge Alleinstehende lebten in Wohnheimen.

Im Sommer 1979, als Wandzeitungen als Instrumente für öffentliche Diskussion und Beschwerden noch erlaubt waren, hing vor dem Sitz des Zentralkomitees der KPCh in Peking eine Wandzeitung. Sie war an Wang Dongxing adressiert, damals einer der mächtigsten Männer der Partei. Darauf hielt der Autor um die Hand der Tochter des Parteiführers an. Denn die wohnte mit ihrem Vater in einer Villa hinter den Mauern auf dem Gelände der Parteizentrale. Er werde die Tochter des Parteiführers niemals belästigen, er wolle nur ein kleines Zimmer in der Villa. Denn er selbst müsse mit seinen Eltern und zwei kleinen Geschwistern in einer Ein-Zimmer-Wohnung leben und könne nicht mal eine Freundin mit nach Hause bringen.

Zu den von Deng Xiaoping angestoßenen Reformen gehörte auch die Entwicklung eines Wohnungsmarktes – zusammen mit der zeitlich auf 70 Jahre befristeten Verpachtung des Bodens und damit der Privatisierung der Bodennutzung. Grund und Boden blieben aber weiter gesellschaftliches Eigentum. Der erste Schritt zur Entwicklung des Wohnungsmarktes war in den Städten und industriellen Zentren die Privatisierung des Wohnungsbestandes der Staatsorgane und Unternehmen in den 1980er und 90er-Jahren. Die sollten von der Bürde der Verwaltung und der kostspieligen Pflege des Wohnungsbestandes befreit werden und sich auf ihr Kerngeschäft konzentrieren – so die offizielle Lesart. Damals konnten Staatsangestellte und Beschäftigte der Staatsbetriebe die von ihren Apartments zu sensationell günstigen Preisen kaufen – z.B. ein 50-qm-Apartment in der Pekinger Innenstadt für umgerechnet wenige Tausend Euro, das heute mehrere Millionen Euro kostet.

Die etwa zeitgleich begonnenen Landreformen – die schrittweise Auflösung der Volkskommunen und die Privatisierung der Bodennutzung – sorgten nicht nur für einen Produktivitätsschub in der Landwirtschaft. Sie setzten gleichzeitig die latente ländliche Überbevölkerung frei. Binnen weniger Jahrzehnte verließen mehrere hundert Millionen Chinesen ihre Dörfer und zogen in die städtischen Metropolen und die riesigen Industriegebiete und Exportzonen z.B. an den Mündungen von Yangtse oder Perlfluss. Aber die Arbeitsmigranten behielten gleichzeitig ihre Landtitel und ihre Häuser in den Dörfern. Denn offiziell sind die meisten immer noch Landbewohner, auch wenn sie viele Jahre etwa in Peking oder Shanghai gelebt und gearbeitet haben.

Der Urbanisierungsschub sorgte für eine enorme Nachfrage nach neuen Wohnungen. Hinzu kam der Bedarf der Stadtbevölkerung nach mehr Wohnraum mit höheren Standards, was die Nachfrage nach Wohnraum weiter steigerte. Zudem war vorher, in den Jahren der Kulturrevolution, kaum gebaut worden.

Die Privatisierung des Wohnungsbestandes in den Städten war die Blaupause für die Entwicklung des Immobilienmarktes. Private Immobilienentwickler schossen aus dem Boden. Auf Grundstücken, die sie von den Kommunen auf Zeit ersteigert hatten, errichteten sie Hochhauskomplexe mit jeweils vielen tausend Eigentumswohnungen, die ihnen aus den Händen gerissen wurden. Zeitweilig dominierten Immobilienspekulanten die Listen der Superreichen. Private Industrieunternehmen und auch Staatskonzerne, die gerade erst ihre Personalwohnungen privatisiert hatten, legten sich Immobilientöchter zu, um von den exorbitanten Gewinnchancen zu profitieren.

Das Geschäft der Immobilienentwickler besteht im Wesentlichen darin, große Grundstücke in urbanen Zentren zu kaufen. Dort werden dann sofort Immobilien entwickelt, gewöhnlich Hochhauskomplexe mit vielen Etagen. Die Wohnungen werden an Interessenten verkauft. Oft sind schon alle Wohnungen vor dem ersten Spatenstich verkauft. Mit dem eingenommenen Geld werden neue Grundstücke gekauft und weitere Projekte entwickelt. Diese Art Schneeballsystem kann so lange funktionieren, solange die Immobilienpreise stabil sind oder steigen und solange Wohnungen als Geldanlage und zur Spekulation genutzt werden.

Die Verwandlung von Wohnraum in eine Ware war die Basis, auf der das Gemisch aus dem jahrzehntelang wachsenden realen Bedarf an Wohnraum, aus günstiger Finanzierung und aus dem Interesse der immer größeren chinesischen Mittelschicht an Immobilien mangels anderer attraktiver Anlagemöglichkeiten zum Turbo für die Wirtschaft wurde. Wenn die Konjunktur mal schwächelte, gab es staatliche Infrastrukturprogramme für den Bausektor. Das alles förderte den Anstieg der Immobilienpreise. Die Wohnungspreise liegen heute in den Städten zwischen dem 5-fachen und dem 13-fachen eines durchschnittlichen Jahreseinkommens. Bauwirtschaft und Immobiliensektor tragen fast 30% zu Chinas Wirtschaftsleistung bei.

Die allermeisten Haushalte haben Wohneigentum, aber viele Millionen wohnen zur Miete. Die Wohneigentumsquote in China liegt bei mehr als 90% der Haushalte, in den USA sind es rund 65%, in Deutschland unter 50%. Mehr als 20% der Hausbesitzer besitzen sogar mehr als eine Immobilie. Hinzu kommt: Der Anteil des Immobilienbesitzes an den Haushaltsvermögen ist mit 70% überdurchschnittlich hoch, weit mehr als in westlichen Volkswirtschaften. Wohneigentum ist nicht nur ein Dach über dem Kopf, es dient als Sicherheit und als Notgroschen. Wohneigentum ist auch ein spekulatives Investment, ist der Brautpreis oder das Ticket für eine gute Schule.

Dass 90% der Haushalte Wohneigentum haben, bedeutet aber nicht, dass die meisten in den eigenen vier Wänden wohnen. Denn mitgezählt sind auch die Häuser in den Heimatdörfern der hunderte Millionen Arbeitsmigranten, die in den Metropolen leben und arbeiten. Dort wohnen sie in der Regel unter beengten Verhältnissen zur Miete. In vielen großen Städten war es Landbewohnern bislang sogar unmöglich, Wohneigentum zu erwerben, auch wenn sie das nötige Geld dafür hatten, weil sie etwa als gut bezahlte IT-Spezialisten arbeiteten. Aber auch angesichts der vielen leer stehenden Immobilien sind in den letzten Jahren diese Beschränkungen vielfach gefallen.

In den städtischen Zentren sind Mietverhältnisse an der Tagesordnung, 70% der Zuzügler leben in Mietwohnungen. Das kann auch gar nicht anders sein angesichts der Dynamik der chinesischen Gesellschaft mit der riesigen Binnenwanderung und mit einem Arbeitsmarkt, in dem ständig neue Jobs entstehen – ob für Spezialisten etwa von Internet-Firmen oder als Billigjobs bei den Lieferdiensten. Zudem drängen jährlich ca. elf Millionen Hochschulabsolventen auf den Arbeitsmarkt, die noch nicht das nötige Geld für eine Eigentumswohnung haben.

Die chinesische Regierung hat begriffen, dass die Wohnungsfrage nicht allein durch Förderung des Wohneigentums gelöst werden kann, sondern dass der Markt für Mietwohnungen reguliert werden muss. Im September 2021 deckelte die Regierung den jährlichen Mietanstieg in den Städten auf maximal 5%. Schon vorher hatten viele Städte und Provinzen entsprechende Vorschriften erlassen. Außerdem setzt die Regierung in den Städten verstärkt auf öffentlich geförderten Wohnraum: Es sollen mehr günstige Mietwohnungen entstehen.

Immobilien waren in China bisher eine Art Sparbuch für viele Menschen, nicht nur in gut bezahlten Jobs. Schon 2010 erzählte ein Busfahrer in Chengdu in der Provinz Sichuan, er habe inzwischen drei Immobilien. Denn jedes Jahr sind die Immobilienpreise gestiegen, innerhalb von zwei Jahrzehnten sogar um ein Vielfaches. Jahrzehntelang war die Bevölkerung von der Illusion geblendet, dass Immobilien immer weiter an Wert gewinnen.

Neben einem Mangel an sicheren Anlagemöglichkeiten war dies der Hauptgrund, warum die Chinesen trotz der bereits absurd teuren Marktpreise ihr Erspartes weiterhin in den Immobiliensektor trugen, der mittlerweile laut Schätzungen 29% des gesamten Bruttoinlandsprodukts ausmacht. Rund drei Viertel des Wohlstands aus Privathaushalten sind in Immobilien geparkt. Allein diese Tatsachen zwingen zu einer behutsamen Restrukturierung des Immobiliensektors. Die Regierung muss vorsichtig vorgehen, will sie nicht noch mehr Proteste von Sparern auslösen. Nach einer Studie der Zentralbank rechnen inzwischen über die Hälfte der Chinesen nur noch mit gleichbleibenden Häuserpreisen. Das ist für China ein Novum.

Privater Konsum & mangelhaftes soziales Netz

Wie die bereits erwähnten Demonstrationen der Rentner in Wuhan gezeigt haben, sind die Systeme der sozialen Sicherung bislang eine Großbaustelle. Die Gesundheitsversorgung ist im internationalen Vergleich mangelhaft, so gibt es zum Beispiel – umgerechnet auf die Zahl der Einwohner – im Vergleich zu den USA nur ein Viertel der Betten für Intensivpflege. Trotz gesetzlicher Krankenversicherung sind die privaten Zuzahlungen für Operationen, Behandlungen und Medikamente hoch. Es gibt zwar eine gesetzliche Arbeitslosenversicherung, aber deren Leistungen sind gering und reichen für Niedrigverdiener und prekär Beschäftigte – meistens Arbeitsmigranten – hinten und vorne nicht zum Leben. Viele Selbständige verloren während der Lockdowns ihre Verdienstquellen, aber die gesetzliche Sozialhilfe ist im Vergleich zu den Lebenshaltungskosten minimal.

Auch bei der Altersversorgung gibt es krasse Unterschiede: Bauern bekommen nur eine karge Rente, sie haben ja noch ihr Land. Für die abhängig Beschäftigten in der Privatwirtschaft führen die Arbeitgeber die Rentenbeiträge ab, was auch nicht immer geschieht. Zudem sind die Rentenkassen auf Provinzebene organisiert, was früher dazu führte, dass Arbeitsmigranten etwa beim Jobwechsel in eine andere Provinz ihre Rentenansprüche verloren. Dagegen ist die Altersversorgung der Staatsangestellten und der Beschäftigten in den Staatsbetrieben vergleichsweise gut. Das offizielle Renteneintrittsalter liegt bislang bei 55 Jahren für Frauen und bei 60 für Männer.[4]

Chinas mangelhaft ausgebaute Sozialsysteme erklären zu einem guten Teil die im internationalen Vergleich sehr hohe Sparquote der privaten Haushalte, die 2021 bei über 36% lag. Das ist ein massives volkswirtschaftliches Problem, denn die hohe Ersparnisbildung reduziert die Binnennachfrage, den privaten Konsum. Der liegt mit einem Anteil von unter der Hälfte der gesamten Wirtschaftsleistung weit unter den Werten von anderen Ländern auf vergleichbarem Entwicklungsstand – etwa die Türkei oder Mexiko. Dagegen ist Chinas Investitionsquote seit vielen Jahren extrem hoch. Auch als Ostasiens sogenannte »Tigerstaaten« wie Südkorea oder Taiwan vor Jahrzehnten ihre wirtschaftliche Aufholjagd starteten und die Löhne und damit den privaten Konsum bewusst niedrig hielten, um die Investitionen zu fördern, war das Missverhältnis zwischen Konsum und Investitionen nicht so extrem wie heute noch in China.

---

[4] Siehe hierzu auch meine Beiträge in Sozialismus.de: »›Der Welt auf Augenhöhe begegnen‹. China will mit neuem Fünfjahrplan unabhängiger vom Westen werden« in Heft 4-2021 sowie »Xi Jinping-Agenda: Den Kapitalismus zähmen! Neuer Kurs nach Jahrzehnten ungebremsten Wachstums?« in Heft 12-2021.

Abb. 7: Private Konsumausgaben in % vom BIP

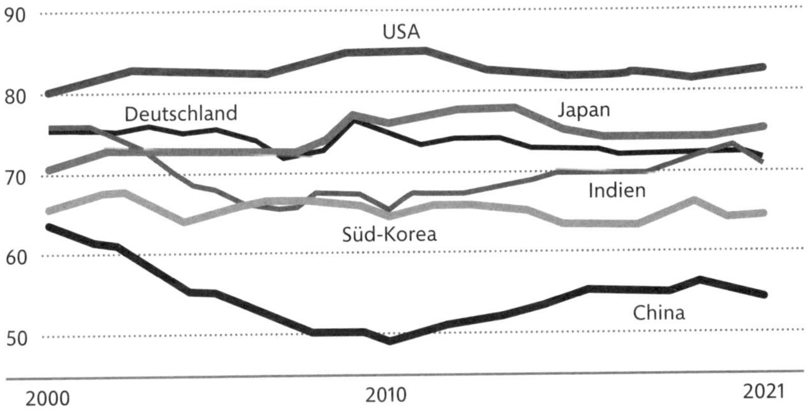

Quelle: Financial Times

Diese schon mehrere Jahrzehnte existierenden Verzerrungen und die Frage, wie die Binnennachfrage in China deutlich gesteigert werden kann, standen im Dezember 2022 oben auf der Agenda der Zentralen Wirtschaftskonferenz der KPCh, bei der es um ein Programm zur Stimulierung der chinesischen Wirtschaft ging. Schon im Oktober 2022 hatte Xi Jiinping auf dem Parteitag erklärt, China müsse sich bemühen, den Anteil der Einkommen der privaten Haushalte am Nationaleinkommen zu erhöhen und den Anteil der Löhne und Gehälter an der Primärverteilung zu vergrößern.

Der bekannte Sozialwissenschaftler Sun Liping hat in seinem Blog das Thema der Binnennachfrage diskutiert:[5] »Ob sich der private Verbrauch in China nach dem Ende der Pandemie wieder erholt, macht vielen in der Geschäftswelt große Sorgen. Nach meiner Einschätzung wird sich die Nachfrage nach lebensnotwendigen Dingen schrittweise wieder normalisieren. Auch die Nachfrage nach spontanen Ausgaben wird sich erholen, aber das wird nicht lange andauern. Dagegen geht die Nachfrage für langlebige Gebrauchsgüter in einen langfristigen Abwärtstrend über. Deswegen ist nach meiner Einschätzung das Problem der privaten Nachfrage sehr ernst. Solange das Problem der Binnennachfrage nicht gelöst ist, ist es egal, wie viel wir investieren oder produzieren. Woran liegt das?«

[5] Sun Liping: Three Views of the Domestic Demand Question, veröffentlicht auf dem WeChat-Blog von Sun Liping am 12.12.2022; Übersetzung ins Englische von David Ownby und veröffentlicht in seinem Newsletter »Reading the China Dream«.

Die zentralen Thesen von Sun sind einfach: Erstens muss dafür gesorgt werden, dass die Menschen zuversichtlich in die Zukunft blicken. Dazu muss man ihre realen Einkommen erhöhen und den Wohlstand und die Ersparnisse der Menschen bewahren und erhalten. Zweitens hat China gar nicht die nötige Binnennachfrage, um seine produktiven Kapazitäten auszunutzen. Das ist ein riesiges langfristiges Problem angesichts der zunehmenden internationalen Tendenzen zur Abkopplung Chinas und der Absichten, die Globalisierung rückgängig zu machen.

Zugleich räumt der Sozialwissenschaftler mit dem Urteil auf, dass die Chinesen besonders sparsam sind, denn das Problem der mangelnden Binnennachfrage währt schon länger: »Ende der 90er sagten wir, dass die Chinesen die Angewohnheit haben zu sparen. Später sagten wir, das sei bei den Älteren so, aber die Jüngeren seien glückliche Konsumenten. Ich meine, das ist kein zentraler Faktor für die mangelnde Binnennachfrage. Ein Beispiel vom Ende der 90er-Jahre: Damals begannen die Haushalte in Peking, sich Telefonanschlüsse anzuschaffen, ein Telefonanschluss kostete umgerechnet zwischen 750 und 900 US-$. In kleineren Städten kostete ein Telefonanschluss zwischen 300 und 750 US-$. Aber zur gleichen Zeit verdienten die Leute nur ein paar hundert RMB (100 RMB damals ca. 12 $) im Monat. Wenn die Leute fast ein Jahresgehalt für einen Telefonanschluss ausgeben, kann man dann wirklich sagen, dass sie Sparen besser finden als Geld auszugeben? Im ersten Jahrzehnt des 21. Jahrhunderts verbreitete sich das Auto. Am Beispiel eines VW Santana bedeutete das, dass man vier bis fünf Jahresgehälter für das Auto hinlegen und gleichzeitig auf Essen und Trinken verzichten musste. Können wir da ernsthaft sagen, dass die Chinesen nicht konsumieren wollen, sondern lieber sparen wollen? Bei den privaten Wohnungskäufen ist das Bild noch deutlicher.

Wir können also nicht sagen, dass die Chinesen zu bescheiden, zu sparsam und zu geizig sind. Das stimmt nicht, auch wenn wir nur über die ältere Generation sprechen. Die Tatsache ist, dass die Leute wie verrückt Geld ausgeben. Es reicht aber immer noch nicht für die nötige Binnennachfrage […]

Aber wo liegen die Wurzeln des Problems? Ein erheblicher Teil der Haushaltsausgaben ist in den letzten drei Jahren zur Kontrolle und zur Vorbeugung der Pandemie verwandt worden. Das war teuer. Auch die Regierung hat sehr viel Geld für Testzentren, Quarantäne-Einrichtungen, Impfstoffe und den Aufbau von Kontrollteams ausgegeben. Aber viele übersehen, wie viel die privaten Haushalte dafür ausgegeben und teilweise auch nutzlos ausgegeben haben. Die Haushalte haben Vorräte an Lebensmitteln und Medizin angelegt, Dinge, die normalerweise nicht notwendig gewesen wären. Deswegen sind Aussagen, die Pandemie habe die private Nachfrage gedämpft, nicht korrekt. Viele Familien geben nicht weniger aus, sondern für andere Dinge und nicht für normale Ausgaben. Die Haushaltsausgaben wurden nicht weniger.

Gleichzeitig sind die Einkommen eines erheblichen Teils der Bevölkerung gefallen. Unter dem Einfluss der Pandemie und aufgrund anderer Faktoren ist in den letzten Jahren die Zahl der Arbeitslosen dramatisch angestiegen, nach manchen Zahlen sogar auf über 70 Millionen. Wenn man noch die Hochschulabsolventen dazurechnet, könnte die Zahl der Arbeitslosen bei ca. 80 Millionen liegen. Ein erheblicher Teil kleiner und mittlerer Unternehmen und viele Selbstständige sind von der Epidemie hart getroffen worden. Viele von ihnen sind bankrott gegangen und haben ihre Unternehmen geschlossen. Manche müssen nach wie vor ihre Hypotheken bedienen und die Kredite für den Wagen. Für sie ist es nicht die Frage, ob sie Geld ausgeben wollen, aber sie können nicht konsumieren […]

Die zur Bank gehen und Geld anlegen wollen, sind meistens Ältere. Tun sie das, weil ihre Einkommen höher geworden sind? Sicher nicht. Der Grund ist, dass ihre Zukunftserwartungen düster sind und dass sie deswegen mehr Geld zur Seite legen. Um das Problem der Binnennachfrage wirklich zu lösen, brauchen die Leute Sicherheit und Zuversicht für die Zukunft. Wir müssen die realen Einkommen erhöhen. Und wir müssen ernsthaft den bescheidenen Wohlstand der Leute schützen, damit ein positiver, sich selbst verstärkender Zyklus zwischen dem Wirtschaftswachstum und dem Lebensstandard der Menschen entsteht.«

Bemerkenswert klar spricht Sun ein auch in China umstrittenes Thema an, das nicht nur die Politik dort weiter beschäftigen wird, sondern das wegen seiner geopolitischen Auswirkungen weltweit auf der Tagesordnung steht. Es geht darum, dass China in den letzten 30 Jahren zur »Fabrik der Welt« geworden ist. Das bedeutet, dass in den Zeiten der Globalisierung für viele Grundstoffe und Endprodukte Kapazitäten aufgebaut wurden, die weit über den langfristigen Bedarf des großen Landes hinaus gehen und die in den meisten industriellen Segmenten mindestens die Hälfte (Stahl, Zement) bis zu 80–90% (Solarmodule, Elektronik) der Weltproduktion abdecken. Das ist langfristig weder wünschenswert noch nachhaltig.

»Chinas Produktionskapazitäten können nicht allein von der Binnennachfrage absorbiert werden. Chinas Produktionskapazitäten als die ›Fabrik der Welt‹ in der Ära der Globalisierung übersteigen bei weitem unsere normale Binnennachfrage. Das bedeutet, dass die Produktionskapazitäten niemals allein von der Nachfrage im Lande absorbiert werden können. Jetzt wird die Globalisierung zurückgedreht, jetzt werden Lieferketten umgebaut. Zwar sind unsere Lieferketten die komplexesten und vollständigsten, und die Qualität unserer Industriearbeiter ist sehr hoch. Aber was sollen wir mit all den Produkten tun, die unsere riesigen Kapazitäten ausstoßen?

Man kann das an Produkten demonstrieren, die direkt mit dem täglichen Leben der Menschen zu tun haben. Die jährliche weltweite Schuhproduktion liegt bei 15 Milliarden Paar Schuhen. Davon produziert China über 10 Milliarden Paar, also fast zwei Drittel. Aber China verbraucht nur 2,4 Milliarden Paar Schuhe pro Jahr. China produziert also 8 Milliarden Paar Schuhe für den Weltmarkt. Bei Haushaltsgeräten ist es ähnlich: Bei Kühlschränken, Klimaanlagen und Waschmaschinen hat China einen Anteil von 50% oder mehr an der Gesamtproduktion auf der Welt. China hat aber nur 17% der Weltbevölkerung.

Wir müssen die Binnennachfrage stärken. Das ist nötig. Wir müssen aber auch realisieren, dass der Binnenmarkt niemals unsere existierenden Produktionskapazitäten absorbieren kann, auch wenn die Binnennachfrage sich normalisiert und steigt. Es gibt nur zwei mögliche Lösungen: Die eine ist, wir stellen unsere Wirtschaftsstruktur komplett um. Die andere ist, dass wir die Reform- und Öffnungspolitik fortsetzen und uns voll in den Weltmarkt integrieren.«

Vermutlich wird die chinesische Regierung beides tun – die Wirtschaftsstruktur des Landes langfristig transformieren und an der Globalisierung im Sinne einer weltweiten Verflechtung der Volkswirtschaften festhalten. Das neue Wirtschaftsmodell der zwei Kreisläufe – ein innerer Kreislauf von Wirtschaftswachstum und erweiterter Konsumption, daneben ein Handelsaustausch mit der Welt – verweist auf die Absicht, den Binnenmarkt auszubauen und die einseitige Exportorientierung abzubauen und als Partner in der Weltwirtschaft zu agieren.

VSA: China-Debatten

Wolfgang Müller
Die Rätsel Chinas –
Wiederaufstieg einer Weltmacht
Digitale Diktatur, Staatskapitalismus
oder sozialistische Marktwirtschaft?
160 Seiten | € 14.80
ISBN 978-3-96488-053-6

Chinas vor allem wirtschaftlich erfolgreiche, aber durchaus widersprüchliche Entwicklung wirft viele Fragen auf, denen in diesem Buch nachgegangen wird. Es beruht auf Analysen und langjährigen beruflichen Erfahrungen des Autors in China selbst.

Michael Brie
CHINAS SOZIALISMUS neu entdecken
Ein hellblaues Bändchen jenseits
der Froschperspektive auf ein
spannendes Experiment
176 Seiten | € 14.00
ISBN 978-3-96488-182-3

In diesem hellblauen Bändchen schreibt Michael Brie sein im Herbst 2022 erschienenes »Sozialismus neu entdecken« weiter – denn bei der Frage nach einem neuen Verständnis von Sozialismus ist China der Elefant im Raum. Er bewertet dessen Perspektiven im politischen und wirtschaftlichen Bereich und dem der Ideologie.
Die schwerste Herausforderung für einen Sozialisten, wenn er sich China zuwendet, sieht er in der Frage der Demokratie.

VSA:

Prospekte anfordern!

VSA: Verlag
St. Georgs Kirchhof 6
20099 Hamburg
Tel. 040/28 09 52 77-0
Fax 040/28 09 52 77-50
Mail: info@vsa-verlag.de

www.vsa-verlag.de

VSA: LinkerChinaDiskurs

Yang Ping/Jan Turowski (Hrsg.)
Sozialismusdebatte chinesischer Prägung
LinkerChinaDiskurs 1
Eine Publikation des Beijing-Büros der Rosa-Luxemburg-Stiftung
224 Seiten | € 16.80
ISBN 978-3-96488-099-4

Die bisherigen China-Diskurse leben von falschen Gegenüberstellungen: Sozialismus vs. Kapitalismus oder Demokratie vs. Autoritarismus. Der erste Band der Reihe »LinkerChinaDiskurs« widmet sich der innerchinesischen Sozialismusdebatte und soll diese Dichotomien infrage stellen.

Meng Jie/Jan Turowski (Hrsg.)
Immer noch tastend den Fluss überqueren
Chinas marktsozialistisches Modell verstehen | Linker ChinaDiskurs 2
Eine Publikation des Beijing-Büros der Rosa-Luxemburg-Stiftung
256 Seiten | € 16.80
ISBN 978-3-96488-118-2

Das spektakuläre Wachstum hat China zu einer mehrheitlich urbanen, mittelständischen Gesellschaft gemacht und Hunderte Millionen Landbewohner:innen aus der Armut befreit. Chinesische Politökonom:innen und Sozialwissenschaftler:innen diskutieren zentrale Aspekte des marktsozialistischen Entwicklungsmodells, das sich in den letzten Dekaden immer wieder veränderte. Die Volksrepublik ist noch immer inmitten eines rasanten Wandlungs- und Suchprozesses, dessen Resultate kaum vorhersehbar sind.

Prospekte anfordern!

VSA: Verlag
St. Georgs Kirchhof 6
20099 Hamburg
Tel. 040/28 09 52 77-0
Fax 040/28 09 52 77-50
Mail: info@vsa-verlag.de

VSA:

www.vsa-verlag.de